Mouhanad Khorchide, Hamed Abdel-Samad
und Stefan Orth (Hg.)

**Zur Freiheit gehört,
den Koran zu kritisieren**

Mouhanad Khorchide, Hamed Abdel-Samad
und Stefan Orth (Hg.)

Zur Freiheit gehört, den Koran zu kritisieren

Ein Streitgespräch

FREIBURG · BASEL · WIEN

HERDER Edition KORRESPONDENZ

© Verlag Herder GmbH, Freiburg im Breisgau 2016
Alle Rechte vorbehalten
www.herder.de
Satz: Grafikstudio Foerster
Herstellung: CPI books GmbH, Leck
Printed in Germany

ISBN: 978-3-451-27146-5

Inhalt

Vorwort 7

Religion und Gewalt 15

War Mohammed ein Kriegsherr? 23

...oder doch der Bote Gottes? 35

Wie dem Islamischen Staat begegnen? 43

Ein neuer Ansatz islamischer Theologie 59

Ist der Koran nun Menschenwort oder Gotteswort? . . 71

Wer und vor allem wie ist Gott? 81

Der Mensch zwischen Himmel und Hölle 91

Anforderungen einer demokratischen Gesellschaft . . 99

Euro-Islam? 107

Liberale Muslime in Deutschland 113

Der Islam als zivilgesellschaftliche Größe 119

Der Herausgeber und die Gesprächspartner 125

Vorwort

Der Islam steht unter Druck. Was spätestens mit dem
11. September 2001 begann, hat sich in den vergangenen
beiden Jahren zugespitzt. Im Herbst 2014 haben die Landge-
winne des sogenannten Islamischen Staats im Westirak und
in Syrien die Aufmerksamkeit erregt, Anfang 2015 erfolgte
der Anschlag auf das französische Satire-Magazin »Charlie
Hebdo«. Seitdem steht die Frage, welche Gewaltpotenziale
»der« Islam aufweist, stärker im Fokus. Nicht zuletzt angesichts der mehrheitlich muslimischen Flüchtlinge, die seit
dem Sommer 2015 in größerer Zahl gerade nach Deutschland gekommen sind, und jetzt der Anschläge in Paris werden die Debatten jetzt mit noch mehr Verve geführt.

Dabei hatte sich gerade in Deutschland im vergangenen
Jahrzehnt, ebenfalls in der Folge der Anschläge auf das
World Trade Center am Beginn des neuen Jahrhunderts,
ein neuer Umgang mit den Muslimen im Land heraus-
gebildet. Die Diskussionen über Schulversuche zum islamischen Religionsunterricht und der Bau repräsentativer
Moscheen in deutschen Großstädten haben den Islam als
eine Religion in Deutschland stärker ins Bewusstsein gebracht. Die »Deutsche Islamkonferenz« der Bundesregie-
rung, die es seit 2006 gibt, hatte zudem eine Studie an-
gestoßen, deren überraschendes Ergebnis es war, dass
hierzulande mit rund vier Millionen deutlich mehr Muslime leben, als man zuvor dachte.

Unmittelbar war klar, dass die bis dato nur zögerlichen Versuche, in den einzelnen Bundesländern einen islamischen Religionsunterricht zu etablieren, verstärkt werden müssten. Auch die inzwischen fünf Zentren zum Studium der Islamischen Theologie an staatlichen Universitäten in Deutschland wurden daraufhin von der Islamkonferenz angeregt, nachdem der damalige Bundesinnenminister Wolfgang Schäuble 2009 erstmals eine Fakultät für Islamische Theologie an einer hiesigen Hochschule gefordert hatte. Die Etablierung dieser wissenschaftlichen Einrichtungen, bei denen eine Vielfalt im Rahmen der europäischen Wissenschaftstradition geradezu erwünscht ist, schreitet mit hohem Tempo voran.

Dabei ist momentan völlig offen, ob aus dem sogenannten Euro-Islam mehr als ein Schlagwort wird. Natürlich gibt es heute eine Reihe von Ansätzen zu einer historisch-kritischen Lesart des Korans, zum Überdenken der Geschlechterrollen bei den Muslimen, zur Weiterentwicklung des islamischen Rechts und zum Umgang mit beziehungsweise zum Leben in pluralistischen Gesellschaften. Einmal abgesehen davon, dass die muslimische Existenz in den europäischen Gesellschaften aufgrund von unterschiedlichen ethnischen und anderen kulturellen Prägungen selbst höchst vielfältig ist: Es ist jedoch noch nicht abzusehen, ob solche Versuche einer neuen Verhältnisbestimmung von Islam und Moderne die muslimische Identität in westlichen Gesellschaften in der Breite werden prägen können. Immerhin wurde von Politikern wie von Kirchenvertretern mehrfach schon mit Recht daran erinnert, dass es auch in den christlichen Kirchen vergleichsweise lange gedauert habe, bis sie sich mit den Prinzipien der aufgeklärten Moderne konstruktiv auseinandergesetzt und diese in ihr Selbstverständnis integriert hatten. Auch der Islam sei allerdings zu einem solchen historischen Lernprozess in der Lage.

Das gilt nicht zuletzt mit Blick auf die aktuelle Situation. In einer Erklärung des Ständigen Rats der Deutschen Bischofskonferenz zum »Islamischen Staat« heißt es: »Islam und ISIS sind nicht dasselbe. Vielmehr tobt in der muslimischen Welt selbst ein hitziger, manchmal erbarmungsloser und mörderischer Kampf um das rechte Verständnis der eigenen Religion und zu Recht wird immer wieder auf die große Zahl der Muslime hingewiesen, die Opfer dieses Konflikts werden.« Die Stellungnahme richtet allerdings gleichzeitig auch die Frage an die überwältigende Mehrheit der friedliebenden Muslime, welche Rolle die eigene Religionsgemeinschaft bei den beängstigenden Entwicklungen spiele. Nur auf Fehler, Versäumnisse und Schuld außerhalb der islamischen Kultur zu verweisen, greife jedenfalls zu kurz.

Abermals stellt sich hier die Frage, inwieweit Muslime und ihre Repräsentanten bereit sind, sich kritisch mit diesen Vorgängen auseinanderzusetzen und dann auch öffentlich dazu zu äußern.

Vor diesem Hintergrund hat die *Herder Korrespondenz* als Monatszeitschrift für Gesellschaft und Religion im

Oktober 2015 ein neues Themenheft der Reihe *Herder Korrespondenz Spezial* zum Islam vorgelegt. In der Ausgabe mit dem Titel »Religion unter Verdacht. Wohin entwickelt sich der Islam?« haben beide Entwicklungen ihren Niederschlag gefunden.

Das gilt zum einen für Herausforderungen durch den sogenannten Islamischen Staat und die weltweit agierenden Salafisten, die auch hierzulande um Anhänger werben. Neben einem Blick in die wichtigsten Herkunftsländer von Muslimen in Deutschland wird die Frage bedacht, wie die neuen Flüchtlinge den Islam in Deutschland verändern werden.

Aber auch muslimische Theologen kommen zu Wort. Sie erläutern, wie aus ihrer Perspektive der Islam in Europa gelebt werden kann. Ausdrücklich thematisiert wird dabei das Spannungsfeld zwischen der jungen islamischen Theologie und den in der Mehrzahl konservativen Dachverbänden als Vertretung der deutschen Muslime. Andere Beiträge widmen sich sowohl den neuen Ansätzen des wissenschaftlichen Umgangs mit dem Koran als auch den unterschiedlichen Argumentationen im Kopftuchstreit sowie weiteren wichtigen Fragen mit Blick auf die Rolle muslimischer Akteure in der deutschen Gesellschaft, aber auch im Verhältnis zum Christentum.

Angesichts der massiven Anfragen an den Islam auf der einen und den ermutigenden Entwicklungen einer aufgeklärten islamischen Theologie auf der anderen Seite er-

schien es uns notwendig, diese Positionen in einem Streit-
gespräch sichtbar werden zu lassen. Dazu haben wir den
Islamkritiker Hamed Abdel-Samad und den muslimischen
Theologen Mouhanad Khorchide gebeten.

Hamed Abdel-Samad, in Ägypten als Sohn eines Imams
geboren und selbst eine Weile Mitglied der Muslim-
bruderschaft, gehört zwischenzeitlich zu den schärfsten
Kritikern des Islam und steht aufgrund von Drohungen
unter Polizeischutz. Dass er inzwischen in jedem Fall zu
den publizistisch Erfolgreichsten gehört, belegt nicht zuletzt
sein ebenfalls im Oktober erschienenes Buch »Mohamed.
Eine Abrechnung«.

Mouhanad Khorchide, palästinensischer Abstammung
und im Libanon und Saudi-Arabien aufgewachsen, ist
als Professor für Islamische Religionspädagogik an der
Universität Münster heute der bekannteste muslimische
Theologe in Deutschland. Er vertritt einen dezidiert liberalen Ansatz, der am Begriff von Gottes Barmherzigkeit ansetzt und – so der Titel seines jüngsten Buches –
für einen neuen Humanismus aus islamischer Perspektive
plädiert. Auch er wird in Teilen der muslimischen Com-
munity kritisch gesehen. Ob es in Deutschland langfris-
tig einen Islam auf Augenhöhe geben kann, wird sich allerdings auch an der Akzeptanz einer solchen islamischen
Theologie entscheiden.

Hat der Islam als solcher ein Gewaltproblem? Welche Rolle spielt die Gründungsfigur des Propheten Mohammed

dabei? Wie ist dem sogenannten Islamischen Staat zu begegnen? Wie ist der Koran überhaupt zu lesen und wie die neuen Ansätze islamischer Theologie in Europa zu bewerten? Wie denken aufgeklärte muslimische Theologen heute über Gott, wie denken sie vom Menschen zwischen Hölle und Himmel? Wie sinnvoll ist auf der anderen Seite überhaupt die Rede vom Euro-Islam und welche Rolle werden die Muslime schließlich zukünftig in der deutschen Zivilgesellschaft spielen können? Um diese Fragen ging es in dem Streitgespräch zwischen den beiden.

Dieses muslimische Religionsgespräch hat sich als so ergiebig erwiesen, dass wir in dem Themenheft nur einen kleinen Ausschnitt publizieren konnten. Im Folgenden dokumentieren wir nun das gesamte Gespräch, das Hamed Abdel-Samad bei dessen Autorisierung als »großartig und wichtig« bezeichnete und folgendermaßen kommentierte: »Hoffentlich setzen wir damit einen Maßstab für einen inner-islamischen Dialog, der zwar kritisch, aber mit Respekt geführt wird.«

Das Gespräch ist nicht nur eine gute Einführung in die konträren Ansätze der beiden Dialogpartner. Der eigentliche Reiz besteht darin, dass sie aufeinander reagieren, ihre gegenseitigen Anfragen artikulieren und für ihre Position Argumente vorbringen. Der Dialog sei »nicht produktiv, wenn man aus Höflichkeit oder Konfliktscheu die wirklichen Probleme nicht anspricht und nur Freundlichkeiten austauscht, die atmosphärisch hilfreich sein mögen, aber untergründig Spannungen und Aggressionen fortleben lassen«, heißt es im »Handbuch christlich-islamischer Dialog« (Freiburg 2014). Allerdings dürfe man auch nicht »aus Höflichkeit und falsch verstandener Toleranz Hass und Intoleranz« dulden. Beides gilt gleichermaßen für den innerislamischen Dialog.

Wie könnte es auch anders gehen, als dass angesichts der schwierigen Fragen ernsthaft und direkt miteinander gesprochen wird, um Missverständnisse zu klären, Grenzen auszuloten und Perspektiven aufzuzeigen? Wie sollten die Herausforderungen bewältigt werden können, wenn es nicht gelingt, dass die muslimischen Protagonisten selbst über all diese Fragen miteinander ins Gespräch kommen?

Wir freuen uns, mit diesem Band den ersten einer neuen Buchreihe *Edition Herder Korrespondenz* vorzulegen, die ab sofort in lockerer Folge im Verlag Herder erscheinen wird.

Ein herzlicher Dank gilt beiden Kontrahenten, die sich nicht nur auf dieses Gespräch eingelassen haben, sondern fair und freundschaftlich, dafür aber umso energischer miteinander gestritten haben. Ein weiterer Dank gilt Felizia Merten und Simon Biallowons für ihre Unterstützung.

Freiburg, im November 2015

Stefan Orth

Religion und Gewalt

Der Islam konnte sich nicht an die Moderne anpassen, weil der Islam sich an nichts anpassen will, weil er letztlich alles von oben bestimmen und kontrollieren will. Das Ergebnis sehen wir jetzt in den meisten islamischen Staaten. **(Hamed Abdel-Samad)**

Eine bestimmte Lesart des Islam hat auf jeden Fall ein großes Gewaltproblem. Wir dürfen aber nicht pauschalieren. Aussagen, dass der Islam durchweg friedlich oder durchweg gewaltbereit sei, gehen an der Realität vorbei. **(Mouhanad Khorchide)**

Stefan Orth: *Herr Abdel-Samad, Sie haben schon vor fünf Jahren die These aufgestellt, dass der Islam aufgrund seiner inneren Aporien dem Untergang geweiht sei. Wie bewerten Sie die Zeit, die seitdem verstrichen ist?*

Hamed Abdel-Samad: Drei Monate vor dem Ausbruch des Arabischen Frühlings habe ich die Auffassung vertreten, dass sich vor allem die arabisch-islamischen Gesellschaften im Zerfall befinden, wir bald Bürgerkriege und Chaos haben und Massen von Migranten nach Europa kommen werden. Damals wurde ich für diese These als Panikmacher beschimpft, weil der Arabische Frühling kam und alle die Hoffnung hatten, dass sich die Demokratie in dieser Region durchsetzt. Wir befinden uns jedoch weiterhin in einem Zerfallsprozess der arabischen Welt. Syrien ist das deutlichste Beispiel, aber das gilt auch für

Jemen, Algerien, das kurz vor dem Explodieren ist, sogar die Golfstaaten, Libyen. Überall in der arabischen Welt ist dieser Prozess fortgeschritten.

Stehen da nicht vor allem soziale oder politische Probleme im Vordergrund?

Abdel-Samad: Viele bringen gesellschaftliche und geopolitische Gründe vor. All das spielt natürlich eine Rolle. Aber die Haltung zur Religion in diesen Ländern ist für mich nach wie vor das zentrale Motiv. Denn erst sie hat Despoten hervorgebracht, erst dieses Religionsverständnis hat das Bildungswesen dermaßen beschädigt. Letztlich hat eine schizophrene Haltung gegenüber dem Westen diese Gesellschaften zerfressen. Einerseits betrachtet man die westliche Welt als ungläubig und unmoralisch, andererseits ist der Westen jetzt dieses Mekka, wo jeder hin will, um ein wenig Menschenrechte und ein menschenwürdiges Leben für sich und seine Familie zu erfahren. Der Islam konnte sich nicht an die Moderne anpassen, weil der Islam sich an nichts anpassen will, weil er letztlich alles von oben bestimmen und kontrollieren will. Das Ergebnis sehen wir jetzt in den meisten islamischen Staaten. Überall in der islamischen Welt gibt es Islamismus, das gilt sogar für die muslimischen Communities in nicht-muslimischen Ländern. Nirgendwo ist er gewaltfrei.

Ist das nicht in erster Linie ein Problem der arabischen Welt? Gibt es nicht, um nur zwei Beispiele zu nennen, mit

Bosnien oder Indonesien auch Länder, in denen der Islam bewiesen hat, dass er moderneverträglicher ist?

Abdel-Samad: Ausnahmen bestätigen die Regel. Aber es handelt sich nicht um ein nur arabisches Problem. Afghanistan, Iran, Pakistan, Bangladesch sind keine arabischen Länder. Es gibt diese Entwicklung überall in der islamischen Welt. In Bosnien wächst der Dschihadismus schneller als anderswo. Überall erstarkt der Islamismus, auch in Indonesien. Indonesien, Malaysia, Türkei: All das sind Länder, von denen man früher gesagt hat, dass sie Hoffnungsträger für die islamische Welt sind, weil dort der Säkularismus funktioniert. Aber diese Länder haben das nicht mit dem Islam, sondern eher gegen ihn vollbracht. In den grob gesprochen 50 islamischen Staaten, etwa auch im Sudan, in Somalia, Ägypten, Irak, Marokko, bricht überall der Virus namens Fundamentalismus aus.

Herr Khorchide, hat der Islam also ein Gewaltproblem?

Mouhanad Khorchide: Eine bestimmte Lesart des Islam hat auf jeden Fall ein großes Gewaltproblem. Wir dürfen aber nicht pauschalieren. Aussagen, dass der Islam durchweg friedlich oder durchweg gewaltbereit sei, gehen an der Realität vorbei. Es hängt immer von der jeweiligen Lesart ab, wobei zuzugestehen ist, dass es auch im Mainstream der islamischen Theologie, also nicht nur bei den Extremisten, Positionen gibt, die nicht unproblematisch sind. Das gilt beispielsweise für die Frage nach dem Verständnis und der Möglichkeit von Dschihad. Zwar sehen drei der vier sunnitischen Rechtsschulen den Dschihad ausschließlich als Verteidigungskrieg an, die schafiitische Schule, die von hochanerkannten Gelehrten vertreten wird, sieht hingegen darin auch einen Angriffskrieg gegen Nichtmuslime, weil sie nicht Muslime sind, und nicht, weil sie Muslime bekriegen. In solchen theologischen Positionen gibt es durchaus das Potenzial, Gewalt zu bejahen und im Namen des Islam zu unterstützen. Die Aufgabe heute ist es demgegenüber, sich für die andere, für die friedensbejahende Lesart des Islam stark zu machen. Die islamische Geschichte, gerade die des neunten, zehnten und elften Jahrhunderts hier in Europa zeugt von großen intellektuellen und humanistischen Potenzialen im Islam. Daher teile ich nicht die pauschale Verurteilung.

Es ist aber keine Lösung, zwischen der wahren Religion des Islam und dem Islamismus der Extremisten, die nicht zur Religion gehören, zu unterscheiden?

Khorchide: In der öffentlichen Diskussion, an der nicht nur Fachleute teilnehmen, ist es schon sehr wichtig, zwischen Islam und Islamismus zu differenzieren, damit nicht alle Muslime pauschal der Gewaltbereitschaft verdächtigt werden. Aber in einem fachtheologischen Diskurs macht es keinen Sinn zu sagen, der Islam habe nichts mit Gewalt zu tun. Man wird immer wieder anerkannte Gelehrte innerhalb der islamischen Tradition finden, die ein bestimmtes Verständnis von Dschihad, dem Verhältnis zu Nichtmuslimen oder auch der Beziehung von Gott zu den Menschen oder dem Jenseits haben, die auch aus heutiger theologischer Sicht nicht unproblematisch sind. So ist es natürlich latent gewaltfördernd, wenn in Teilen der Tradition, aber auch heute, vertreten wird, dass spätestens im Jenseits Gott alle Nichtmuslime in die Hölle schickt, und nur die Muslime rettet, weil in ihren Geburtsurkunden »Muslim« steht. Diese Überzeugung ist eine Quelle der Gewalt. Denn es ist nur ein gradueller, kein qualitativer Unterschied, ob ich jemanden hier eliminiere, oder Gott ihn später sowieso in die Hölle verdammen wird. Das ist meiner Überzeugung nach aber theologisch nicht vertretbar und widerspricht sogar dem Geist des Korans.

Was sind denn die entscheidenden Quellen für das Gewaltproblem? Der Koran oder die islamische Tradition, die den Koran gedeutet hat?

Khorchide: Der Koran spricht nicht für sich, der Koran ist kein Subjekt. Wir lesen den Koran und es hängt vom jeweiligen Verständnis der Texte ab. Im Unterschied zu Hamed Abdel-Samad bin ich der Überzeugung, dass der Kern des Gewaltproblems nicht der Koran ist.

Aber was heißt das für die Stellen, die von Gewalt berichten oder zu einem – wie auch immer – gewalttätigen Handeln aufrufen ...?

Khorchide: Auch diese muss man deuten und sie vor allem in ihrem historischen Kontext verorten. Das ist ähnlich wie bei jenen Stellen in der Bibel, vor allem im Alten Testament, die man heute als historisch bedingt liest. Und so können wir die Gewaltpotenziale in diesen Versen entschärfen. In der Diskussion um den Dschihad zum Beispiel berufen sich sowohl diejenigen Gelehrten, die im Dschihad einen Verteidigungskampf sehen, in dem Nichtmuslime Muslime angreifen, als auch diejenigen Gelehrten, die im Dschihad einen Angriffskrieg gegen Nichtmuslime sehen, auf dieselben koranischen Stellen: wie die Verse 190 bis 193 der zweiten Sure.

Abdel-Samad: Die verschiedenen Deutungen des Korans kenne ich. Meiner Ansicht nach ist das ein sehr schönes Ablenkungsmanöver, zu sagen, dass es den einen Islam nicht gebe, sondern nur unterschiedliche Lesarten. Nein, den einen Islam gibt es schon. Er hat einen Kern, eine Gründungsfigur: Mohammed. Und es gibt Texte, die als heilige Texte betrachtet werden.

Khorchide: Es ist Hamed Abdel-Samad recht zu geben, dass wir nicht beliebig selektieren dürfen und jeder den Vers und seine Interpretationen aus dem Koran heraussucht, der ihm gerade in sein Konzept passt – egal ob mit Blick auf Krieg oder Frieden. Deshalb brauchen wir klare Kriterien. In meinem Buch »Islam ist Barmherzigkeit« habe ich das Kriterium der Barmherzigkeit als hermeneutischen Schlüssel und Zugang zu einem humanistischen Koranverständnis erläutert. Der Koran selbst stellt den Anspruch an die Verkündung Mohammeds: Wir – also Gott – haben dich, Mohammed, lediglich als Barmherzigkeit für alle Welten entsandt, heißt es in Sure 21, Vers 107. Das heißt, er legt dieses Kriterium der Barm-

herzigkeit als oberste Maxime der Botschaft Mohammeds fest. Dieses Kriterium ist deshalb keine menschliche Projektion. Wer dem Koran und somit dem Islam
gerecht werden will, muss dieses koranische Kriterium
ernst nehmen.

Wie verbreitet ist denn diese Sichtweise?

Khorchide: Dass Fundamentalisten und Extremisten
dieses Kriterium nicht anerkennen, ist eine andere Frage.
Daran zeigt sich aber, warum innerislamische Reformen
notwendig sind. Jede Auslegung des Islam, des Korans
oder des Wirkens Mohammeds, die mit dem Kriterium der Barmherzigkeit nicht im Einklang ist, muss ohne
Wenn und Aber verworfen werden. Wenn wir Gott ver-
nunftgemäß gerecht werden wollen, können wir ihn nur
als Allbarmherzigsten denken: Gott ist größer, als er gedacht werden kann. Er ist größer als ein Gott, der verherrlicht werden will, er ist größer als ein Gott, der etwas für
sich selbst will, er ist größer als ein Gott, der dem Menschen etwas nehmen will. Ein Gott, der größer ist, als gedacht werden kann, ist ein vollkommener Gott: ein Gott,
der nur geben und nichts für sich nehmen will, ein Gott,
der bedingungslos liebt und sich erbarmt. Er ist ein Gott,
den der Prophet Mohammed als jemanden beschrieb, der
zum Menschen barmherziger ist als die Mutter zu ihrem
Neugeborenen. Barmherzigkeit bedeutet in diesem koranischen Sinne die bedingungslose Zugewandtheit Gottes
dem Menschen gegenüber. Gott will den Menschen und
alles, was dem Menschen und seiner Glückseligkeit gut

tut. So verstehe ich diese oberste Maxime der Barmherzigkeit im Koran. Wir müssen die verschiedenen Positionen in der Geschichte und in der Gegenwart des Islams entsprechend dieses Kriteriums immer neu überprüfen und kritisch reflektieren.

Abdel-Samad: Der Islam wird nicht in geschlossenen Räumen gelebt, wo die Theologen ihre Abhandlungen verfassen. Der Islam bezieht sich vielmehr auf sein Vorbild Mohammed, der Krieg geführt hat, der Menschen enthaupten ließ. Erst durch die Gewalt hat er seinen Durchbruch erlebt. Mohammed hat 13 Jahre lang erfolglos in Mekka gepredigt; kaum jemand hat an seine Botschaft geglaubt. Erst als er eine starke Armee hatte, erst als er anfing, Karawanen anzugreifen, Kriege zu führen, Kriegsbeute zu machen, änderte sich das. Nicht umsonst gibt es eine Sure im Koran, die »Kriegsbeute« heißt und die die Einzelheiten regelt. Erst dann kamen die Scharen und haben sich an diesem Projekt beteiligt, weil es lukrativ war. Das können wir nicht beiseite legen und nur über Hermeneutik reden.

War Mohammed ein Kriegsherr?

Ein Problem im Vorgehen vieler Islamkritiker, das sich übrigens kaum von dem der muslimischen Extremisten unterscheidet, ist deren selektive Weise im Umgang mit den Erzählungen über Mohammed. Sie vernachlässigen viele positive und differenzierte Erzählungen, um sich eines bestimmten Narrativs zu bedienen, das Mohammed als brutalen Kriegsherren darstellt. **(Mouhanad Khorchide)**

Es gibt bestimmt auch positive Seiten. Aber die Gewalt, die er an den Tag gelegt hat, seine Geisteshaltung gegenüber Andersgläubigen und Frauen, lässt diese in den Schatten geraten. Mohammed wurde erst durch Gewalt erfolgreich. Der Islam hat kein Problem mit der Gewalt, aus einem einfachen Grund, weil der Islam und die Gewalt von Anfang an beste Freunde waren. **(Hamed Abdel-Samad)**

Sie haben gerade ein Buch über Mohammed vorgelegt. Ist das Ihr Fazit über den Propheten?

Abdel-Samad: Mohammed wurde erst durch Gewalt erfolgreich. Der Islam hat kein Problem mit der Gewalt, aus einem einfachen Grund, weil der Islam und die Gewalt von Anfang an beste Freunde waren. Ohne die Gewalt konnte der Islam nicht überleben, ohne Gewalt konnte der Islam sich nicht ausbreiten. Das ist keine Theologie, sondern gelebte Geschichte. Wenn ich so eine Galionsfigur wie Mohammed habe und allein 206 Stellen im Koran, die den Krieg verherrlichen und die Gewalt gegen

Ungläubige rechtfertigen, kann ich nicht sagen: Das ist Interpretationssache.

Wobei es ja durchaus, gerade in Teilen des Korans, die in Mekka geoffenbart sein sollen, auch andere Töne gibt.

Abdel-Samad: Ja, in den mekkanischen Suren des Korans gibt es tatsächlich viele friedliche Passagen. Auch in den ersten Jahren in Medina gab es Verse, die Krieg nur als Zweck der Verteidigung jener Rechte bezeichnet haben, die ihm in Mekka entrissen wurden. Ohne Armee im Rücken, nur mit 70 bis 100 Anhängern, konnte Mohammed nicht über Gewalt sprechen, denn er war in einer schwächeren Position. Daher kommen die schönen Verse, von denen die Exegeten heute leben und sagen, der Islam sei eine Religion des Friedens. Es ist keine große Leistung, friedlich zu sein, wenn ich selbst keine Macht habe und auf Frieden angewiesen bin. Danach kam die zweite Phase: die Etablierung in Medina, eines ersten IS sozusagen. Und in einer dritten Phase haben wir es dann mit der Säuberung Arabiens zu tun. Alle Juden mussten raus. Nicht nur ein Stamm, sondern alle Juden von Medina wurden hingerichtet oder vertrieben. Das Manifest der Verse von Sure 8 und Sure 9, die letzten Verse des Korans, ist das eines Angriffskriegs. Die Botschaft war klar: Der Islam muss sich ausbreiten, Ungläubige können nicht geduldet werden auf der Arabischen Halbinsel. Das ist auch die Realität, denn danach mussten Juden und Christen diese Region verlassen. Als die Muslime keine Waffen hatten, war Gott friedlich. Als sie ein paar hatten, war er für Krieg, aber nicht zu vehement. Aber als sie die absolute Macht bekamen, sagte er: Haut drauf und enthauptet sie! Das ist zwar eine nachvollziehbare menschliche Entwicklung, hat aber mit Gott, kann mit Gott nichts zu tun haben.

Herr Khorchide, muss die Geschichte nicht tatsächlich von hinten her gelesen werden? Wäre es nicht überzeugender, wenn der Weg andersherum wäre und am Ende ein durch göttliche Eingebung friedfertiger Prophet stünde?

Khorchide: Hochproblematisch ist in diesem Zusammenhang, dass viele Details der Biografie des Propheten Mohammed erst mehrere Generationen nach seinem Tod festgehalten wurden. Der bekannteste Biograf des Propheten ist Ibn Ishaq, gestorben um 767, dessen Prophetenbiografie uns nicht direkt erreicht hat, sondern durch Ibn Hisham, gestorben um 833, überliefert ist. Dieser wiederum hat die Biografie nicht direkt von Ibn Ishaq, sondern von einem seiner Schüler übermittelt bekommen. Ibn Ishaq selbst ist in der islamischen Tradition nicht unumstritten. So bezeichneten der Gelehrte Malik ibn Anas sowie der bekannte Biograf adh-Dhahabi, gestorben um 1348, ihn als unglaubwürdig. Ibn Ishaq wie einige andere neigten dazu, das Leben des Propheten Mohammed zu glorifizieren, und zwar gemäß ihrer eigenen Ideale. So kam es, mit Blick auf die Themen Krieg und Männlichkeit, zu Übertreibungen. Im Grunde wissen wir also ziemlich wenig. Mohammeds Aussprüche wurden erst rund 200 Jahre nach seinem Ableben systematisch erfasst, vieles ist hochspekulativ.

Abdel-Samad: Die Mehrheit der Gelehrten aus jener Zeit haben diese Biografie akzeptiert und auch die Überlieferungsketten anerkannt. Und es war nicht Ibn Ishaq allein, der die Geschichte Mohammeds geschrieben hat. Natürlich gibt es auch die These, dass es Mohammed als historische Figur nie gegeben habe, sondern diese frei erfunden wurde. Das halte ich für Unfug. Für Mohammed gibt es ein historisches Vorbild und dieser historische Kern deckt sich auch mit der im Koran beschriebenen Entwicklung. Wenn man die Suren des Korans nicht nach der jetzigen Reihenfolge, sondern chronologisch nach dem Zeitpunkt der »Offenbarung« beziehungsweise Abfassung betrachtet, können wir schon den historischen Mohammed nachzeichnen. Es ergibt sich genau die Entwicklungsgeschichte, die ich vorhin beschrieben habe. Ibn Ishaq hat Mohammed nicht aus dem Nichts erfunden.

Auf welche Quellen hat er Ihrer Meinung nach darüber hinaus zurückgegriffen?

Abdel-Samad: Er baute auf früheren, mündlichen Traditionen auf. Und der Streit der Gelehrten betrifft weniger den Kern der Geschichte Mohammeds als die Überlieferungsketten. Das war auch die Kritik an Ibn Ishaq. All das führt nur zu einer Form der Relativierung der Figur Mohammeds, ohne dass wir ihn wirklich politisch entmachten. In der islamischen Welt wird ein tadelloser Mohammed gelehrt, der nicht kritisiert und in Frage gestellt wird. Und wir kommen nicht dagegen an, wenn wir sagen, dass wir nicht genug von Mohammed wissen. Die Texte sind lebendig und beeinflussen das Leben von 1,5 Milliarden Menschen. Wir können uns da nicht mit einer Art Trick aus der Affäre ziehen – dann würden wir den Salafisten das Feld überlassen.

Khorchide: Es geht nicht um einen Trick. Wir haben nicht zuletzt deshalb zu wenig authentisches Material über Mohammed, weil wir zu viel widersprüchliches Material haben. Auffällig ist auch, dass es andere anerkannte Varianten der Erzählungen gibt, die insofern ernst zu nehmen sind, als die Überlieferungsketten authentischer sind. In denen wird Mohammed nicht so negativ gezeichnet. Und die großen Koranforscher wie Theodor Nöldeke und Angelika Neuwirth sehen übrigens die fünfte Sure als die letzte, die verkündet wurde. Diese verspricht sogar den Juden und Christen im Vers 69 das ewige Heil. Für die Sure, in der von der Vertreibung der Juden die Rede ist, gibt es auch eine Erzählung, der zufolge Mohammed lediglich 40 Soldaten, die im Krieg beteiligt waren, umbringt.

Abdel-Samad: Moment. Das war nicht einfach ein Krieg zwischen Mohammed und den Juden, in dem er 40 Soldaten umbrachte. Auch aus den authentischen islamischen Erzählungen geht hervor, dass das mehr als ein Krieg war. Mohammed hat den jüdischen Stamm vielmehr belagert …

Khorchide: Widerspruch! Widerspruch!

Abdel-Samad: ... und dann haben sie sich ergeben und es hieß, dass alle Männer getötet, Frauen sowie Kinder versklavt werden sollen. Was hatten denn die Frauen und Kinder getan, dass er sie versklavte?

Khorchide: Einen Augenblick. Es bestehen in der islamischen Tradition mehrere Varianten dieser Erzählung. Die Erwähnung von mehreren Hundert Toten ist zwar in biografischen Werken über den Propheten zu finden, wie eben bei Ibn Ishaq, allerdings sind die Überlieferungsketten zweifelhaft. In all diesen Überlieferungsketten tauchen Personen auf, die selbst zum Stamm Qurayza gehörten, damals aber noch Kinder waren und später zum Islam übergetreten sind. Laut diesen Erzählungen habe Mohammed 5000 Gefangene in der Wohnung einer Frau versammelt. Das aber wäre eine sehr große Wohnung gewesen. Anschließend soll er dann mehrere Hundert töten lassen haben. Die authentische Erzählung über diesen Vorfall sowohl bei Buchari, gestorben 870, als auch bei Muslim Ibn al-Hadschdschadsch, gestorben 875, beide zählen zu den Hauptquellen des sunnitischen Islams nach dem Koran, erwähnt keine Zahlen und besagt, dass lediglich die »muqatila«, also diejenigen, die am Krieg teilgenommen haben, getötet wurden. Eine authentische Überlieferung der Geschichte findet sich bei Humayd Ibn Zindschawayh, gestorben 865, der die Geschichte durch eine authentische Überlieferungskette anführt. Dort ist von 40 getöteten Personen die Rede. Warum wird nirgends auf dieses Narrativ hingewiesen und nur das Negative hervorgehoben?

Abdel-Samad: »Muqatila« bedeutet nicht »die, die getötet haben«, sondern »die Kampffähigen«. Alle kampffähigen Männer sollen getötet werden, das heißt alle.

Khorchide: Das ist wiederum eine Interpretationssache. Außerdem ist nicht die Rede von Frauen, die versklavt wurden, sondern von einem Krieg, in dem Kriegsgefangene genommen wurden.

Herr Abdel-Samad, sprechen diese Widersprüche, die ja auch darüber hinaus gelten, nicht tatsächlich für ein differenziertes Mohammed-Bild?

Abdel-Samad: Widersprüchlich kann ich es nennen, wenn eine Erzählung sagt, Mohammed habe die Tötung der Juden befohlen, und eine andere würde behaupten, Mohammed habe sich vor die Juden gestellt und gesagt: Lass sie gehen. Aber ob er nur 40 oder 900 Juden töten ließ: Das sind keine Widersprüche, das sind Details. Macht es die Geschichte besser, wenn Mohammed nicht 900 Kriegsgefangene, die sich bereits ergeben hatten, sondern nur 40 Menschen getötet hat? Ein Verbrechen bleibt ein Verbrechen, auch wenn die Zahlen variieren.

Khorchide: Es ist ein Unterschied, ob Mohammed Kriegsgefangene getötet hat, oder ob im Kriegsgeschehen selbst beteiligte Soldaten ums Leben gekommen sind. Worauf ich hinaus will, ist, dass wir so unterschiedliche Erzählungen haben.

Sind Sie denn auch der Überzeugung, Muslime müssten heute um der eigenen Glaubwürdigkeit willen mehr Kritik an Mohammed, dem Propheten, üben?

Khorchide: In jedem Fall an den Erzählungen, von denen wir so viele einander widersprechende haben. Hamed Abdel-Samad nimmt einen Erzählstrang auf und sagt: Mohammed ist ein Kriegsherr. Aber man könnte genauso gut aus denselben Quellen einen anderen Mohammed herausnehmen, der kein Kriegsherr ist. In anderen Erzählungen, die in der islamischen Tradition viel etablierter sind, ist von Verträgen die Rede, die Mohammed abgeschlossen hat, damit politische Ruhe herrscht. Das waren Friedensverträge, die aber irgendwann gebrochen wurden, worauf man Krieg gegen Mohammed geführt hat. Daraufhin hat er sich gewehrt.

Abdel-Samad: Woher kam denn der Verrat? Das ist nur eine Unterstellung. Alle Quellen sind sich einig, dass es zur Vertreibung des jüdischen Stammes Banu an-nadir aus Medina aufgrund folgender Begebenheit kam: Mohammed sitzt mit ihnen zusammen und hat plötzlich eine Eingebung. Der Erzengel Gabriel kommt zu ihm und sagt: Sie wollen dich töten. Irgendjemand nimmt gleich einen Stein und will dich damit erdrücken. Das ist faktisch eine Art Halluzination, Paranoia eigentlich. Niemand hat ihn angegriffen, niemand hat einen Stein geworfen. Nur aus dieser Fantasie heraus hat Mohammed sich entschieden, nicht den besagten Mann, der das tun wollte, sondern den gesamten Stamm aus Medina zu vertreiben. Die Juden waren für ihn schlicht Konkurrenz.

Khorchide: Wenn die Biografie Mohammeds 200 Jahre nach seinem Tod niedergeschrieben wurde, konnte keiner mehr wissen, welcher Engel angeblich mit ihm gesprochen hat und was er ihm erzählt haben soll, anders, als wenn Ereignisse zu Lebzeiten Mohammeds schriftlich festgehalten wurden, was bis auf den Koran selbst kaum der Fall war. Das ist mit Blick auf die historische Wahrheit das Problem. Die erste Biografie stand letztlich in der literarischen Tradition der sogenannten Welt-Chroniken, die die Geschichte weiterhin als Eroberungsgeschichte interpretierten. Deshalb ist seine Biografie auch eine Kriegschronik, in der nur Kriege beschrieben werden. Es ist natürlich leicht, aus Mohammed einen Kriegsherrn zu machen, wenn man sich auf diese Biografien konzentriert. Es war aber nicht das Anliegen, den Propheten als Menschen darzustellen. Ein weiteres Problem im Vorgehen vieler Islamkritiker, das sich übrigens kaum von dem der muslimischen Extremisten unterscheidet, ist deren selektive Weise im Umgang mit den Erzählungen über Mohammed. Sie vernachlässigen viele positive und andere differenzierte Erzählungen, um sich eines bestimmten Narrativs zu bedienen, das Mohammed als brutalen Kriegsherren darstellt.

Ist für Sie, Herr Abdel-Samad, damit Mohammed als Person in jeder Hinsicht diskreditiert? Oder gibt es auch Aspek-

te, die neben den Schattenseiten als wichtiger Beitrag zur Religions- und Kulturgeschichte gelesen werden können?

Abdel-Samad: Es gibt bestimmt auch positive Seiten. Aber die Gewalt, die er an den Tag gelegt hat, seine Geisteshaltung gegenüber Andersgläubigen und Frauen, lässt diese in den Schatten geraten. Auch der IS hat positive Seiten: Er bekämpft Korruption, er kümmert sich um Kinder, Waisen und Witwen. Aber mit all dem kann man die Gräueltaten des IS nicht zur Seite schieben. Mohammed gilt für mich in keinerlei Hinsicht als Vorbild. Vielleicht gab es für einige Menschen zur damaligen Zeit Aspekte, die positiv waren. Es gibt eine Soziallehre im Islam, die Mohammed begründet hat. Dagegen habe ich nichts. Er hat sich um Sauberkeit und Hygiene in Medina gekümmert. Aber: Er war kein Menschenfreund, er war nur Freund der Gläubigen in seinem Sinne. Sollte Gott eine endgültige Botschaft für die Menschen haben, müsste sie alle Menschen betreffen und dürfte nicht selektieren nach einer Minderheit, die gut ist, und einer Mehrheit, die böse ist. Gott – wenn er eine letzte Botschaft an die Menschen schickt – kann nicht eine Gruppe seiner Geschöpfe gegen die andere aufhetzen und sagen: »Und schlagt auf ihre Hälse« oder »Tötet sie, wo auch immer ihr sie findet«. Der Koran lässt Gott selbst auf der Seite der Muslime kämpfen. »Nicht ihr habt sie erschlagen, sondern Allah erschlug sie. Und nicht du hast geschossen, sondern Allah gab den Schuss ab«, heißt es in Sure 8 im Koran. Man lässt Gott selbst als Soldaten gegen seine eigenen Geschöpfe auftreten. Diese Überzeugung hat Mohammed etabliert, und deshalb lassen mich die positiven Aspekte seiner Persönlichkeit und seines Tuns kalt, weil die negativen Seiten überwiegen.

...oder doch der Bote Gottes?

Wir Muslime müssen unser Verständnis auch vom Islam
immer neu kritisch hinterfragen. Es geht um eine ständige
Dynamik und um die Prozesshaftigkeit der Theologie.
Es geht nicht darum, die negativen Verse zu verschweigen,
sondern sie mit den Augen der positiven zu lesen und den
Koran weiterzudenken. **(Mouhanad Khorchide)**

Dass Mohammed Kriegsgefangene, die sich ergeben
haben, eiskalt ermordet hat, wurde auch in damaliger Zeit
als amoralisch und als Verbrechen angesehen. Es gab in
Arabien keinen vergleichbaren Fall. **(Hamed Abdel-Samad)**

*Sie, Herr Khorchide, bilden islamische Theologen aus, die
zu einem großen Teil islamischen Religionsunterricht erteilen sollen. Wie kann man von Mohammed als dem Bo-
ten Gottes reden, gerade angesichts der vielen widersprüch-
lichen Aussagen?*

Khorchide: Wir beide haben nicht zu Unrecht bereits
darauf hingewiesen, dass es eine gewisse Sozialethik gab,
die Mohammed begründet hat. Natürlich gab es auch eine Reihe weiterer positiver Aspekte für die damaligen
Menschen. Denn die Stärke des Islam besteht vor allem
in seiner Spiritualität, die dem Menschen ein Angebot
macht, sich Gott zu öffnen und auf eine transzenden-
te Erfahrung einzulassen. Wir dürfen zudem nicht mit
unseren heutigen Kategorien urteilen. Dann würden wir
ganz ähnliche Probleme mit Abraham, Mose und auch

Jesus bekommen – wie auch mit vielen anderen in der Geschichte, die zu ihrer Zeit Reformer waren, etwas Neues wollten. Man muss die Umstände von damals berücksichtigen, ansonsten würden wir Gefahr laufen, allein aus heutiger Sicht zu urteilen oder sogar zu verurteilen. Daher wiederhole ich noch einmal: Es kommt sehr stark auf unsere heutige Rezeption an, für welches Verständnis vom Islam wir Muslime uns stark machen wollen. Aber ich kann Mohammed nicht einfach mit meinen Augen von heute beurteilen, sondern muss versuchen, mit Kategorien wie Demokratie oder Menschenrechte nach Ansätzen bei ihm zu suchen. Auch für seine zeitgenössischen Kritiker galt er als Reformer, der mit Götzendienst und weiteren damals verbreiteten archaischen Traditionen, wie dem Aberglauben, gebrochen hat. Mein Ansatz besteht darin, diejenigen Narrative stark zu machen, die ich aus denselben Quellen und dem Koran selbst entnehme. Wenn der Koran über Mohammed sagt, dass Gott ihn als Barmherzigkeit für alle Welten entsandt habe, wird eben auch betont: für alle Welten, nicht nur für alle Gläubigen oder Muslime. Diesen hermeneutischen Schlüssel, mit dem wir den Koran, die prophetische Tradition und das ganze Wirken Mohammeds verstehen können, lege ich meinen Studierenden ans Herz. Damit können wir vieles in der islamischen Tradition filtern. Alles, was nicht damit vereinbar ist, müssen wir verwerfen.

Also ganz im Sinne der christlichen Vorgehensweise, dass man sich den in der Bibel ebenfalls irritierenden Stellen zu nähern versucht, indem man sie im Sinne des Kanons im Kanon von der Mitte der biblischen Botschaft her liest?

Abdel-Samad: Das ist aber ein Problem. Es reicht angesichts der Salafisten, die die entsprechenden negativen Verse nehmen, um Gewalt und Ausgrenzung zu begründen, nicht aus, die positiven zu recyceln und einem humanistischen Konzept zuzuführen. Wir müssen aus meiner Sicht sowohl die bösen als auch die guten Verse beiseite legen und jeweils entmachten. Diese Spiele können wir als Theologen in Dissertationen spielen, aber sie sind nicht gesellschaftsfähig. Ich kann aus Mohammeds Biografie keine positiven Aspekte für das Zusammenleben heute nehmen. Bei einem Buch, das erlaubt, dass Frauen im Krieg als Sexsklavinnen missbraucht werden, kann ich nicht sagen: Ich vergesse mal diesen Satz.

Khorchide: Ich vergesse nicht, sondern ich kontextualisiere die koranischen Verse und verorte sie so angesichts der historischen Umstände.

Abdel-Samad: Ein Verbrechen kann man nicht kontextualisieren. Tut mir leid.

Khorchide: Aber das Problem ist doch, dass das, mit damaligen Augen gesehen, gar kein Verbrechen war. Und genau deshalb ist es unentbehrlich, den Koran immer und immer wieder neu zu lesen und zu reflektieren. Wir Muslime müssen unser Verständnis auch vom Islam immer neu kritisch hinterfragen. Es geht um eine ständige

Dynamik und um die Prozesshaftigkeit der Theologie. Es geht nicht darum, die negativen Verse zu verschweigen, sondern sie mit den Augen der positiven zu lesen und den Koran weiterzudenken. In einem historischen Kontext, der Sklaverei als selbstverständlich ansah, spricht der Koran davon – was keineswegs heißt, dass dies für heute gilt. Und es ist ein großes Problem, wenn man ein Islambild zeichnet, für das sich sonst nur die Extremisten oder Islamisten stark machen. Das ist dasselbe Problem wie bei den Salafisten, die den Koran einfach wortwörtlich nehmen. Was zählt, ist jedoch nicht der Wortlaut, sondern der Geist dahinter. Für den Koran ist dies der Geist der Barmherzigkeit.

Abdel-Samad: Dass Mohammed Kriegsgefangene, die sich ergeben haben, eiskalt ermordet hat, wurde auch in damaliger Zeit als amoralisch und als Verbrechen angesehen. Es gab in Arabien keinen vergleichbaren Fall. Dasselbe gilt dafür, dass der Prophet die Frau seines Sohnes von ihm scheiden lässt, um sie selbst zu heiraten. Es war für die damalige Zeit genauso verwerflich wie heute, ein sechsjähriges Mädchen zu heiraten.

Khorchide: Ich kann nur noch einmal auf die dünne Quellenlage und deren widersprüchliche Aussagen verweisen. Warum verschweigen Sie die anderen positiven Teile der Geschichte? Der Prophet ließ die Kriegsgefangenen aus der ersten Schlacht namens Badr aus dem Jahre 624 frei, nachdem sie zehn Menschen das Lesen und Schreiben beigebracht hatten. Heute würden wir von

Sozialarbeit sprechen. Die muslimischen Quellen sprechen im Allgemeinen von einer guten Behandlung der Kriegsgefangenen durch die Muslime. Zahlreiche in dieser Schlacht gefangene Mekkaner wurden in Medina bei Familien der Muslime untergebracht und von ihnen versorgt.

Abdel-Samad: Mohammed hat diese ersten Kriegsgefangenen dann für hohe Summen verkauft, weil er Geld brauchte.

Khorchide: Und was ist mit den Versen, die verbieten, Kriegsgefangene zu töten? Warum verschweigen Sie, dass es auch diese gibt?

Abdel-Samad: Hat er Kriegsgefangene getötet oder nicht?

Khorchide: Sie verschweigen aber immer die zweite Hälfte des Satzes. »Vertreibt sie von dort, wo sie euch vertrieben haben«, heißt es im Koran. Der erste Vers, der den Muslimen überhaupt erlaubte, sich militärisch zu wehren, wurde Anfang des zweiten Jahres nach der Auswanderung Mohammeds nach Medina, also etwa im Jahre 623 verkündet. Die Verse 39 und 40 der 22. Sure lauten: Denjenigen, die kämpfen, ist die Erlaubnis erteilt worden, weil ihnen Unrecht geschehen ist; Gott hat die Macht, jenen zu helfen, die unberechtigterweise aus ihren Häusern vertrieben worden sind, nur weil sie sagen: Unser Herr ist Gott. Der Koran betont also, dass es den Muslimen gestattet wurde, sich zu wehren. In diesem Vers liest man aber keineswegs eine Erlaubnis oder gar einen Aufruf zum Angriffskrieg. Anhand der Begründung wird deutlich, warum es den Muslimen erlaubt wurde, Krieg zu führen: weil ihnen Unrecht getan wurde und sie aus ihren Häusern vertrieben wurden. Wenn sie Frieden wollen, dann erkläre ihnen den Frieden, heißt es in Sure 8, Vers 61. Damit wird unmissverständlich klar gemacht, dass es sich nicht um einen Angriffs- oder religiös motivierten Krieg handelt, sondern um einen politischen Verteidigungskrieg. Und wenn die Muslime in der zweiten Sure, Vers 190, zum Krieg aufgefordert werden: »Und kämpft ...«, dann erklärt der Rest des Verses, um welche Art Krieg es sich dabei handelt: Und kämpft um Gottes willen gegen diejenigen, die gegen euch kämpfen! Aber begeht keine Übertretung! Gott liebt die nicht, die Übertretungen begehen. Auch der nächste Vers, auf den sich viele Extremisten berufen, um Gewalt zu legitimieren: »Und tötet sie, wo ihr sie zu fassen bekommt«, geht weiter, viele wollen ihn aber nicht weiterlesen, denn es heißt: Und vertreibt sie, von wo sie euch vertrieben haben! Der Versuch, Gläubige zum Abfall vom Islam zu zwingen, ist schlimmer als Töten, heißt es ausdrücklich. Es geht also um Selbstverteidigung von Muslimen, die von ihren Häusern mit Gewalt vertrieben und militärisch verfolgt wurden, weil sie Muslime waren. Der anschließende Vers erklärt schließlich noch einmal: Wenn sie jedoch aufhören, so ist Gott barmherzig und bereit zu vergeben. Dies wiederholt sich in Vers 193: Wenn sie jedoch aufhören, darf es keine Übertretung geben.

Abdel-Samad: Er hat aber auch gesagt, man könne Ungläubige verbrennen, bei lebendigem Leibe.

Khorchide: … wehrt euch, wenn sie euch angreifen, heißt es da im Koran.

Abdel-Samad: Ja, genau, und der IS greift das auf und sagt, dass die Amerikaner und die Jordanier sie mit Luftwaffen angegriffen hätten und sie deshalb auch den gefangen genommenen jordanischen Piloten entsprechend töten dürfen …

Khorchide: Deshalb brauchen wir politische Lösungen für diese politischen Konflikte.

Wie dem Islamischen Staat begegnen?

Für mich ist der Islamische Staat ein legitimes Kind
von Mohammed, seinem Werk und seinen Aussagen.
Wer immer behauptet, der IS habe mit dem Islam nichts
zu tun, verhindert dessen Bekämpfung. Begegnen muss
man dem Islamischen Staat mit der Kultur des Lebens,
der Lebensfreude, der Freiheit. Und zur Freiheit gehört
meiner Meinung nach, den Koran direkt anzugreifen und
zu kritisieren. **(Hamed Abdel-Samad)**

Wenn der IS die Konsequenz wäre aus der Lehre
Mohammeds, hätten sich selbst der syrische Präsident
Assad oder Saudi Arabien jetzt nicht so vehement vom
IS und seinen Lehren distanziert. Wenn das die logische
Konsequenz wäre, würde die Mehrheit der Muslime
hinter dem IS stehen. Das ist aber gerade nicht der Fall.
(Mouhanad Khorchide)

*Wie kann man denn vor diesem Hintergrund mit dem
Phänomen des sogenannten Islamischen Staats am besten
umgehen? Was wäre der Schlüssel, um den Problemen in
Syrien und im Irak Herr werden zu können?*

Abdel-Samad: Für mich ist der Islamische Staat ein legitimes Kind von Mohammed, seinem Werk und seinen Aussagen. Der IS besteht nicht nur aus 30 000 bis 40 000 Kämpfern, sondern besteht aus mehreren Kulturen, die sich miteinander verschmolzen haben. Zum einen gibt es im Islam das Problem des Narzissmus und der Selbstverherrlichung. Was kann man erwarten, wenn Mohammed im Koran sagt, die Muslime seien die beste Gemeinde, die die Menschheit je hervorgebracht habe? Hinzu kommt der andauernde Gestus des erhobenen Zeigefingers, der die Sprache des Korans, die Biografie des Propheten und die Geschichte des Islam prägt. Schließlich steht der IS für eine Kultur des Todes, einen dezidierten Todeskult, die Sehnsucht nach dem Martyrium. All diese Vorstellungen hat der Koran etabliert, weil Mohammed sie gebraucht hat, um seine militärischen Erfolge zu erzielen.

Was sollte man konkret gegen diese offenkundig wirkmächtigen Vorstellungen tun?

Abdel-Samad: Sie müssen an den Schulen und Universitäten thematisiert werden. Wer immer behauptet, der IS habe mit dem Islam nichts zu tun, verhindert die Bekämpfung des IS. Wir müssen uns erst von der Göttlichkeit der Texte und der Unantastbarkeit des Propheten befreien. Man muss beides angreifen können und sagen dürfen: Ein Verbrechen ist ein Verbrechen, auch wenn wir den Kontext verstanden haben; ein Mörder ist ein Mörder, auch wenn wir seine Motive verstehen können. Wir dürfen diese Dinge nicht unter den Teppich kehren, wie es viele Apologeten des Islam tun. Das muss aufhören.

Und was müsste man dem entgegensetzen?

Abdel-Samad: Begegnen muss man dem Islamischen Staat mit der Kultur des Lebens, der Lebensfreude, der

Freiheit. Und zur Freiheit gehört meiner Meinung nach, den Koran direkt anzugreifen und zu kritisieren. Nur so kann man dem IS etwas entgegnen. Nicht durch die Beschwichtigung, er habe mit dem Islam nichts zu tun. Nein, wir als islamische Welt haben diese Kultur befördert, durch diese bestimmte Geisteshaltung gegenüber unseren Mitmenschen, die keine Muslime sind.

Khorchide: Wenn der IS die Konsequenz wäre aus der Lehre Mohammeds, den Muslime als Vorbild sehr schätzen, hätten sich selbst der syrische Präsident Assad oder Saudi Arabien jetzt nicht so vehement vom IS und seinen Lehren distanziert. Wenn das die logische Konsequenz wäre, würde die Mehrheit der Muslime hinter dem IS stehen, würden sie seine Kämpfer und den von ihnen ausgerufenen Staat unterstützen und sich damit identifizieren. Das ist aber gerade nicht der Fall. Ohne den Zerfall des Iraks unter Saddam Hussein wäre der IS nie so und mit dieser Geschwindigkeit gewachsen. Das ist die politische Dimension mit vielen Details, über die man streiten und diskutieren kann.

Wie hängen aber hier die Politik und die religiösen Argumente, die man bemüht, zusammen?

Khorchide: Natürlich versucht die Politik, sich durch theologische Überzeugungen, entsprechende Aussagen und Interpretationen zu legitimieren. Umso wichtiger ist es, auch hierzulande den Koran im Kontext unserer heutigen Gesellschaften neu zu lesen. Es reicht nicht zu sagen, wie es Hamed Abdel-Samad macht, der Koran spreche Gewalt an und daher gehöre dieses Buch abgeschafft. Wir können weder den Muslimen den Koran wegnehmen noch den Christen die Bibel. Was wir aber wohl machen können und müssen, ist, diese Bücher mit unseren Augen zu lesen. Sie sind keine abgeschlossenen Texte, sondern bedürfen der ständigen Interpretation. Und wenn wir dann unsere heutigen Kategorien wie Demokratie und Menschenrechte als Maßstab nehmen, um alte Texte zu beurteilen, ist programmiert, dass wir sie, zumindest Teile davon, verurteilen werden. Menschen, die den Islam praktizieren und auslegen, sind nicht von ihrem Lebenskontext zu trennen. Wir müssen deshalb nach den Rahmenbedingungen fragen, angesichts derer Menschen ihr Verständnis von ihrer Religion entfalten. Menschen in demokratischen Strukturen werden eher bestrebt sein, den Koran im Sinne demokratischer Grundwerte zu lesen als andere, die unter Repressionen leben und die Demokratie kaum kennen. Das wirft aber auch die Frage auf: Warum konvertieren zum Beispiel junge Menschen in Deutschland zum Islam und fahren nach zwei Monaten in den Nahen Osten und schließen sich dem IS an? Was läuft da schief? Wonach suchen diese jungen Menschen? Bevor sie überhaupt den Koran kennengelernt oder ihn gelesen haben, wollen sie schon in den Dschihad – und stehen ganz unvermittelt in der Opposition zu jener Gesellschaft, in der sie ganz selbstverständlich aufgewachsen sind. Sie kennen weder die islamische Tradition noch die Erzählungen über den Propheten. Sie suchen nach Anerkennung, nach Macht, nach alternativen Lebensentwürfen. Auch diese Aspekte sind mit zu berücksichtigen. Mit einem theologischen Diskurs alleine können wir den IS deshalb nicht aus der Welt schaffen.

Und was können Sie als Theologe angesichts dieser gesellschaftlichen Schwierigkeiten, wie sie etwa durch die Erfolge salafistischer Prediger bei verunsicherten Jugendlichen auch hierzulande offenbar werden, konkret tun?

Khorchide: Wir Theologen können einen Beitrag gegen Gewalt leisten, indem wir die Spiritualität des Islam in den Vordergrund stellen – und natürlich auch jene Stellen im Koran sowie die entsprechenden Positionen muslimischer Gelehrter in ihrem historischen Kontext verorten. Nur so können wir diese Stellen im Koran entschärfen. Viele der umstrittenen Passagen sind eben keine Imperative für heute, sondern Beschreibungen von bestimmten kriegerischen Kontexten im siebten Jahrhundert auf der Arabischen Halbinsel. Natürlich stimme ich mit Hamed Abdel-Samad darin überein, dass vieles, was für den damaligen Kontext legitim war, aus unserer heutigen Perspektive zum Teil als Verbrechen zu verurteilen ist – wie es übrigens auch in der Bibel, vor allem im Alten, aber auch vereinzelt im Neuen Testament Stellen gibt, die aus heutiger Sicht problematisch sind: etwa mit Blick auf Sanktionen gegen Kinder oder Frauen, die nicht gehorsam sind und gesteinigt werden sollen. Natürlich sind auch das – aus heutiger Sicht alles abzulehnende – Verbrechen, die dem damaligen

Kontext der Zeit des biblischen Israels geschuldet waren. Wenn man das in einem nächsten Schritt dann aber auch so formuliert, entschärft sich das Problem, weil die Stellen keine Legitimation mehr besitzen. Ich kenne keine seriösen Gelehrten heute, die an der Versklavung von Kriegsgefangenen festhalten wollten. Alle anderen sind Extremisten, die den Koran wörtlich nehmen. Es ist keine Lösung, nur weil in der Bibel oder im Koran die Rede von Gewalt ist, beide Bücher beziehungsweise beide Religionen zu verwerfen, wie Kritiker fordern. Beide Religionen haben sehr viel spirituelles Potenzial, das die Menschen positiv im Herzen berühren kann. Diese Angebote müssen verstärkt thematisiert werden.

Abdel-Samad: Ich wusste, dass das Argument mit den Gewaltpassagen aus dem Alten Testament irgendwann wieder auftauchen wird. Aber damit kommen wir nicht weiter. Es gibt einen gewaltigen Unterschied: Denn neben dem Alten Testament gibt es auch ein Neues Testament. Außerdem gibt es im Christentum eine Gründungs- und Leitfigur, die ganz anders auf Menschen wirkt als Mohammed. Christen können darauf hinweisen, dass die Kreuzzüge unchristlich waren, weil sie nicht der Praxis Jesu entsprachen. Gegen die Rolle der Frauen in den Kirchen konnte und kann man mit Jesus-Zitaten argumentieren. Immer wenn die Kirchen versucht haben, ihre politische Macht zu steigern, kamen Reformer und haben auf das Jesus-Wort »Mein Reich ist nicht von dieser Welt« hingewiesen. Ich bin ja kein Christ, das ist bekannt. Aber Christen wissen, dass

48

Jesus niemals jemanden enthauptet hat. Sie brauchen deshalb da auch nichts zu kontextualisieren.

Khorchide: Jesus war innerhalb des Römischen Reichs in einer Position der Schwäche. Er war kein Staatsoberhaupt, sondern deutlich weniger mächtig als Mohammed in Medina. Warum blenden Sie das hier aus? Mohammed als Staatsoberhaupt musste als solcher handeln und auf militärische Angriffe auch reagieren, so wie heute Staaten sich wehren, wenn sie angegriffen werden. Nur muslimische Extremisten hätten diese Lesart des Wirkens Mohammeds gerne, denn nur mit dieser Lesart macht man aus dem Islam eine Kampfansage – wie der IS dies etwa heute tut. Wir sollten aber nicht die Extremisten bestärken, sondern deren Lesart des Islam in Frage stellen. Warum kontextualisieren Sie hier nicht?

Abdel-Samad: Weil Jesus durchaus der Versuchung der Macht widerstanden hat. Unter seinen Anhängern gab es Leute, die gegen die Unterdrücker des jüdischen Volkes seinerzeit kämpfen wollten und ihn als den Messias gesehen haben, der sie vom Römischen Reich befreit. Aber Jesus hat sich dagegen gewehrt. Mohammed hingegen hat in Mekka, nicht erst in Medina, ein Kriegsbündnis geschlossen.

Khorchide: Ein Jahr, bevor er ausgewandert ist, hat er ein Bündnis, das aber kein Kriegsbündnis war, abgeschlossen…

Abdel-Samad: Ja, ein Jahr bevor er ausgewandert ist. Aber mit welcher Absicht ist er ausgewandert? Damit er Mekka wieder angreifen konnte. Aber lassen wir das alles beiseite. Man darf nicht Texte gegeneinander ausspielen, sondern muss die Realität betrachten. Wer von den Christen heute nimmt das, was im Alten Testament steht, als das absolute, unveränderliche Wort Gottes? Das tun vielleicht die Evangelikalen. Und wer von den Muslimen glaubt, dass alles, was im Koran steht, das absolute Wort Gottes ist? Nicht nur die Salafisten und der IS, sondern die Mehrheit der Muslime, der Mainstream...

Khorchide: Einspruch!

Abdel-Samad: Lassen Sie mich den Gedanken zu Ende bringen. Es stellt sich hier die Frage: Was hat der IS getan, was Mohammed nicht getan hat? Ob die Versklavung von Kriegsgefangenen, der Handel mit ihnen, Zwangsprostitution, das Enthaupten von Ungläubigen, die Zerstörung von Kulturgütern, das Führen von Eroberungskriegen, der Kampf gegen Juden und Christen: Während Muslime all das tun, können sie sich auf Mohammed als ihr Vorbild berufen.

Khorchide: Die Frage wäre, warum sich die Mehrheit der Muslime heute vom IS distanziert, wenn sich dessen Vorgehen mit dem Handeln Mohammeds decken würde. Offenkundig haben sich Muslime im Verständnis ihrer Religion in den Jahrhunderten seitdem deutlich weiterentwickelt. Gott spricht im Koran mit den Menschen im siebten Jahrhundert auf der Arabischen Halbinsel, sie sind die Erstadressaten seiner Botschaft. Das heißt nicht, dass der Koran uns Muslime heute nichts angeht. Aber die Lebenssituation der Menschen von damals ist konstitutiv für den koranischen Text. Denn der Koran wurde dialogisch und nicht als Monolog verkündet.

Abdel-Samad: Es gibt zum Glück Muslime, die sich jenseits der Religion des Islam weiterentwickelt haben. Die Mehrheit der Muslime jedoch hält Abu Bakr al-Bagdadi nur für den falschen Kalifen, sie ist aber nicht grundsätzlich gegen das Kalifat, wie sie auch nicht gegen die Anwendung der Scharia ist. Das ist durch wissenschaftliche Studien belegt.

Khorchide: Sie treten aber nicht für all jene Dinge ein, die Sie vorhin aufgezählt haben. Wie viele Muslime stehen heute hinter all den Verbrechen? Nehmen Sie allein die Äußerungen der Theologen der Al-Azhar-Universität in Kairo als anerkannte religiöse Autorität.

Abdel-Samad: Natürlich muss die Al-Azhar-Universität gegen den IS sein, weil sie eine ägyptische Institution ist. Wie könnte sie den IS unterstützen, wenn dieser den ägyptischen Staat für unrechtmäßig hält? Schaut man in die Lehrbücher, die an der Universität verwendet werden, sieht das schon ganz anders aus. Deshalb ist es eine Heuchelei, nach außen gegen den IS zu sein und trotzdem dessen Gedankengut zu unterrichten. Das wissen Sie auch. Und natürlich müssen auch die Gelehrten in

Marokko gegen den IS sein, weil sonst die Autorität ihres Königs beschädigt würde.

Khorchide: Aber sehen Sie denn nicht die Entwicklungsprozesse in der islamischen Welt, die sich vollziehen?

Abdel-Samad: In Saudi Arabien wird in den Schulen genau das unterrichtet, was der IS macht. Aber natürlich müssen die saudischen Gelehrten gegen den IS aussagen, um auch ihrem König nicht in den Rücken zu fallen. Keiner von diesen Gelehrten hat gesagt, dass der IS unislamisch sei. Und die Gelehrten der Al-Azhar-Universität sind Weltmeister darin, Menschen als ungläubig zu verurteilen. Als Intellektuelle in Ägypten von der Universität verlangt haben, die IS-Kämpfer als Ungläubige zu bezeichnen, haben sich deren Vertreter gewunden und erklärt, dass sie das nicht könnten, weil jene zwar Unrecht täten, aber immer noch beteten. Sie enthaupten, vergewaltigen, zerstören und bringen Elend über Muslime und Nichtmuslime, aber trotzdem sollen sie immer noch gläubig sein, weil sie beten. Das ist das eigentliche Zentrum der Katastrophe.

Immerhin aber gab es doch jenen Brief von 126, teils hochrangigen, muslimischen Gelehrten, die sich deutlich vom Islamischen Staat distanziert haben.

Abdel-Samad: Natürlich müssen sie sich distanzieren, weil sie alle Vertreter staatlicher Institutionen sind. Aber sie haben nicht gesagt, dass jene Ungläubige sind. So etwas sagen sie nur von mir, weil ich etwas am Islam kritisiere. Und sie sagen das immerhin auch über muslimische Gelehrte wie Mouhanad Khorchide, obwohl er nur einen reformorientierten Ansatz vertritt. Auch er wird bedroht.

Khorchide: An der Al-Azhar-Universität herrscht ein breites Spektrum, und meines Wissens wurde auch gesagt, dass es sich beim IS nicht um Muslime handele. Aber auch abgesehen davon ist das meiner Ansicht nach nicht die Lösung des Problems, dass man klassifiziert, der eine sei Muslim und der andere nicht. Der heikle Punkt ist aber sehr genau angesprochen worden. Denn es geht in der Tat um die Lehrbücher, die in Ägypten und in der anderen islamischen Welt verwendet werden. Ich bin mir aber sicher, dass die Kritikfähigkeit der Muslime weltweit gerade durch das, was momentan durch den IS geschieht, weiter wachsen wird. Der IS konfrontiert die Muslime mit ihrer eigenen Tradition. Sie müssen eingestehen, dass es nicht ausreicht zu sagen, der IS habe mit dem Islam nichts zu tun. Wir haben innerhalb der islamischen Theologie Positionen, die Gewalt bejahen, und andere, die Frauen benachteiligen. Reformer werden in der Tat verfolgt, auch hier in Deutschland. Ich vertrete die These, die ich in meinem jüngsten Buch »Gott glaubt an den Menschen« ausgeführt habe, dass gerade die Reformverweigerer das eigentliche Problem sind – und nicht die Extremisten. Die heute längst überholten Positionen traditioneller Gelehrter sind in einem bestimmten Kontext entstanden, in dem diese Gelehrten eben gewirkt und geschrieben haben. In jenem Lebenskontext waren sie vertretbar, denn weder kannte man die Menschenrechte, noch sprach man von der Würde des Menschen, wie wir dies heute tun und vertreten. Meine Kritik gilt daher nicht den Gelehrten als Personen. Sie gilt vielmehr vor allem denjenigen, die noch heute, im 21. Jahrhundert, auf eine pauschale Verherrlichung der islamischen Tradition bestehen und jede kritische Haltung gegenüber klassischen Positionen ablehnen. Wie wollen diejenigen, die sich gegen jegliche Reformbestrebungen im Islam stellen, mit solchen Positionen innerhalb des klassischen Islam umgehen, die zum Beispiel Dschihad als Angriffskrieg gegen alle Nichtmuslime sehen, auch gegen solche, die friedlich mit den Muslimen leben wollen? Vertreten sie diese Positionen? Vertreten sie die Meinung aller klassischen Rechtsschulen, dass kriegsgefangene Männer und Frauen versklavt werden dürfen, dass Frauen sogar versklavt werden sollen? Vertreten sie die klassische Haltung fast aller Schulen, dass das, was wir heute Vergewaltigung von kriegsgefangenen Frauen nennen, für sie eine legitime Form der Versklavung ist, in der die gefangenen Frauen nicht mehr ihren Männern, sondern den Eroberern gehören, und zwar als Eigentum? Wenn ja, worin unterscheiden sie sich dann vom sogenannten Islamischen Staat? Warum argumentieren sie dann, dass der IS nichts mit dem Islam zu tun habe, wo doch vieles von dem, was wir vom IS kennen, im klassischen Islam zu finden ist, und zwar nicht bei als radikal eingestuften Gelehrten, sondern bei großen und anerkannten Vertretern der Rechtsschulen? Oder vertreten diese angeblichen Reformverweigerer diese Haltungen doch nicht und sehen sie als einem historischen Kontext verhaftet und als heute überholt an? Wenn dem so ist, betreiben sie mit dieser neuen Haltung sehr wohl Reformen. Warum aber bekämpfen sie dann das, was sie selbst tun?

Welche Rolle spielt hier das Argument, dass dem Islam bisher die Phase der Auseinandersetzung mit der Aufklärung fehlt, die das Christentum in den vergangenen beiden Jahrhunderten – zum Teil unter Schmerzen – durchgemacht hat. Ist der Islam einfach etwas später dran? Oder ist der Islam zu entsprechenden Wandlungen nicht in der Lage?

Abdel-Samad: Wann wurde die Sklaverei in der islamischen Welt abgeschafft? Im 20. Jahrhundert waren die islamischen Länder die letzten, die das entsprechende Abkommen unterschrieben haben, weil die islamische Welt davon stark profitiert hatte. Der Oman hat bis in die sechziger Jahre hinein Sklavenhandel betrieben. Und bis heute gibt es diese Art des Menschenhandels in den Golfstaaten. Letztlich haben sie die Sklaverei nicht aus Überzeugung abgeschafft, sondern weil sie dazu gezwungen wurden.

Khorchide: Heute ist es in jedem Fall ganz entscheidend, mit Blick auf die eigenen Texte und Lehrtraditionen wirkliche Reformen in Angriff zu nehmen. Dazu gehört auch der Mut, Dinge zu verwerfen, die in den ehrwürdigen Büchern stehen. Man wird kritisch eingestehen müssen, dass Menschen in der muslimischen Welt eigene Anliegen und Gelehrtenpositionen fast zu heiligen Aussagen erhoben haben, sodass sie als unantastbar behauptet werden konnten. Der IS gibt da wirklich hinreichend Veranlassung, dass wir ehrlich zu uns selbst sind – und uns nicht herausreden, das habe nichts mit dem Islam zu tun. Immerhin hat es selbst in Mekka im vergangenen Jahr einen großen Kongress gegeben, auf dem es hieß, dass wir Reformen brauchen. Dass man so etwas einmal in Mekka zu hören bekommen konnte …

Abdel-Samad: Dazu kam es nur, weil der ägyptische Präsident das eine Woche zuvor per Dekret befohlen hat, aus Sorge, dass der IS auch im Sinai oder gar in Ägypten einmarschiert.

Khorchide: Aber immerhin. Allein, dass auf diesem Kongress der Großscheich der Al-Azhar-Universität gesagt hat, der Islam benötige heute dringend Reformen, macht die Arbeit einfacher und zeigt, dass Muslime, die seit Jahren und Jahrzehnten nach Reformen streben, sich auf dem richtigen Weg befinden. Und so können wir unsere Gedanken leichter öffentlich machen, ohne dass einem ständig vorgeworfen wird, man wolle die Religion verändern oder relativieren – und ohne dass wir um unser Leben fürchten müssen. Dabei gehören Reformen selbstverständlich zu jeder Religion.

Abdel-Samad: Gegenbeispiele gibt es leider weiterhin genug. Eslam al-Beheri hat in Ägypten ähnliche Reformansätze vertreten wie Sie. Er hatte eine populäre Fernsehsendung, in der er angefangen hat, jene Theologie der Gewalt zu kritisieren, und hat vor allem auch aus den Büchern der Gelehrten zitiert und sie als gefährlich bezeichnet. Seine Sendung wurde abgesetzt und gegen ihn laufen 48 Gerichtsverfahren in Ägypten. Auch Vertreter der Al-Azhar-Universität haben ihn verklagt, obwohl es sein Anliegen war, den Propheten von Gewalt freizusprechen und das Problem bei den Gelehrten zu suchen. In einem Verfahren wurde er schon in der zweiten Instanz zu fünf Jahren Haft verurteilt. Das ist heuchlerisch. Ich glaube weder der Al-Azhar-Universität noch dem ägyptischen Präsidenten as-Sisi, dass sie reformieren wollen.

Ein neuer Ansatz islamischer Theologie

Gott glaubt an den Menschen. Das Projekt Gottes ist der Mensch selbst. Es geht um den Glauben an einen Gott, der nicht selbstsüchtig ist, der nicht egoistisch ist, der kein Diktator und kein Despot ist, sondern ein Gott, der selbstlos gibt, der dem Menschen bedingungslos zugewandt ist und den Menschen auffordert, selbst das Ruder in die Hand zu nehmen und sein Leben zu gestalten. Eine humanistische Haltung ist deshalb die Haltung eines Suchenden.
(Mouhanad Khorchide)

Wie kann ich aber aus dem Koran heraus eine Lehre des Humanismus entwickeln wollen, wenn das Wort »Leben« im Koran immer nur negativ gesehen wird. Das Leben ist nur trügerisch, heißt es, nur auf das Leben im Jenseits komme es an. Nur wenn der Mensch an Gott glaubt, ist er viel wert. Und wenn er nicht an Gott glaubt, ist der Mensch ein Nichts und verdient dementsprechend, lediglich vernichtet zu werden.
(Hamed Abdel-Samad)

Herr Khorchide, auf der einen Seite des Spektrums haben wir den sogenannten Islamischen Staat mit seiner bedrückenden Brutalität, auf der anderen Seite haben Sie gerade ein Buch geschrieben, in dem Sie einen neuen Humanismus fordern, der aus islamischen Quellen schöpfen kann. Was ist der Kern Ihrer Argumentation?

Khorchide: Er findet sich bereits im Titel: Gott glaubt an den Menschen. Das Projekt Gottes ist der Mensch selbst. Es geht um den Glauben an einen Gott, der nicht selbstsüchtig ist, der nicht egoistisch ist, der kein Diktator und kein Despot ist, sondern ein Gott, der selbstlos gibt, der dem Menschen bedingungslos zugewandt ist und den Menschen auffordert, selbst das Ruder in die Hand zu nehmen und sein Leben zu gestalten. Er ist ein Gott, der den Menschen mit Freiheit ausgestattet hat, an seine Vernunft glaubt und ihm daher vertraut. Es ist letztendlich der Mensch selbst, der dafür Verantwortung trägt, was er aus sich, seinem Leben und seiner Religion in Freiheit macht. Auf den Aspekt der Freiheit lege ich großen Wert. Denn offensichtlich hat Gott den Menschen mit der Gabe der Freiheit ausgestattet, und gerade das Bewusstsein der eigenen Freiheit ist der Grundpfeiler des Menschseins.

Gott spielt also eine entscheidende Rolle für den Humanismus, wie sie ihn propagieren?

Khorchide: In meinem theologischen Ansatz gehe ich von den Attributen Gottes aus, die eigentlich menschliche Eigenschaften sind, die aber Gott in absoluter Form zugeschrieben werden. Ich beziehe mich dabei nur auf jene im Koran, die Gott mit Superlativen beschreiben. Diese Eigenschaften Gottes können auch vom Menschen ausgesagt werden, allerdings nicht als Superlative, die allein Gott vorbehalten sind. Dadurch werden sie vor einer Vereinnahmung durch den Menschen geschützt, und so bleibt Gott Gott und der Mensch Mensch. Der Islam lädt die Menschen dazu ein, sich diesen Eigenschaften zu öffnen und sie sich zu eigen zu machen. Dadurch, dass der Koran diese Eigenschaften Gott als absolut zuschreibt, sind sie selbst absolut, der Mensch kann sich diesen absoluten Eigenschaften öffnen oder verschließen. Es handelt sich dabei um die Eigenschaften der Güte, der Empathie, der Zuvorkommenheit, der Souveränität, der Verantwortlichkeit, der Barmherzigkeit und so weiter. Diese und andere Eigenschaften als absolut anzusehen, schützt sie vor jeglicher Relativierung: Kein Mensch kann kommen und sagen, er oder der Mensch als solcher seien der Absolute. Mit anderen Worten: Der Mensch ist immer nur Teil von Entwicklungsprozessen, er kann sich dem Guten annähern, aber nie selbst absolut werden.

In vielen, auch philosophischen Ansätzen, die sich humanistisch nennen, spielt Gott ausdrücklich keine Rolle.

Khorchide: Da unterscheide ich mich von den humanistischen Konzepten des 19. und 20. Jahrhunderts, die alle – entweder im Namen eines Kollektivs oder im Namen des Individuums – Absolutheitsansprüche erhoben haben. Die Welt ist jedoch keine in sich abgeschlossene Ordnung, deshalb gibt es für sie auch keine endgültige Bedienungsanleitung. Ich trete ein für einen Humanismus, der sich als Haltung des Sich-Öffnens versteht, der den Menschen auffordert, aus sich herauszugehen und sich auf das Andere außerhalb seiner selbst einzulassen. Dieses Andere kann ein Mensch, eine Idee, eine Meinung, eine Weltanschauung sein, es kann eine Gesellschaftsordnung sein, eine neue Perspektive, eine andere Option, eine andere Freiheit, vielleicht ist es ein anderes Gefühl oder das Mitleid mit dem Leid des anderen. Das höchste, woraufhin sich der Mensch öffnen kann, ist das Absolute, das im Islam in Gott gesetzt wird, um den Menschen vor Selbst- oder Fremderhöhung zum Absoluten zu schützen. Extremisten sehen keine Notwendigkeit, sich zu öffnen, denn sie halten sich und ihre Positionen für absolut. Wozu also noch sich öffnen? Diese Haltung des Sich-Verschließens lässt sich mit einem Bekenntnis zu Gott als dem einzig Absoluten jedoch nicht vereinbaren. Ein Bekenntnis zu Gott als dem einzig Absoluten ruft hingegen zur Demut und dem Wissen um seine eigene Beschränktheit und Endlichkeit – um sich gegenüber dem Transzendenten zu öffnen. Man versucht in diesem Prozess des Reflektierens, aus sich heraus zu gehen und sich selbst dann aus der Vogelperspektive zu betrachten. Eine humanistische Haltung ist deshalb die Haltung eines Suchenden.

Welche islamischen Quellen sind da für Ihren Ansatz von besonderer Bedeutung?

Khorchide: Neben dem Koran, in dem sich diese Attributenlehre findet, ist für mich der Gelehrte Al-Ghazali sehr wichtig. Seine Idee, dass alle Attribute Gottes menschliche Attribute sind, hat mich stark inspiriert. Schon er hat darauf insistiert, dass diese Attribute dem Menschen Orientierung geben können: dass der Mensch sie sich nicht als

Superlative für sich aneignen kann, sondern sich immer bewusst sein muss, dass er selbst ein Suchender bleibt ...

Abdel-Samad: Gott heißt im Koran auch der Listige.

Khorchide: Das ist im Arabischen eben kein Superlativ wie »Der absolut Mächtige« oder »Der alles unter Obhut oder Kontrolle hat«. Und das Interessante an diesen Attributen besteht darin, dass sie eher darauf abheben, dass der Mensch Herr im eigenen – inneren – Haus ist, der sich im Griff haben soll, und nicht, dass er über andere herrscht. Selbstbeherrschung ist hier also das Thema, nicht die Machtausübung über andere.

Abdel-Samad: Wie kann ich aber aus dem Koran heraus eine Lehre des Humanismus entwickeln wollen, wenn das Wort »Leben« im Koran immer nur negativ gesehen wird? Das Leben ist nur trügerisch, heißt es, nur auf das Leben im Jenseits komme es an. Das Leben sei nichts für Gott, und wenn das Leben bei Allah so viel gelten würde wie der Flügel einer Mücke, hätte er einem Ungläubigen nicht erlaubt, auch nur einen Atemzug davon zu genießen. Gott spricht im Koran immer so negativ über das Leben und den Menschen, den er für einen Lügner und Leugner hält. Nur wenn der Mensch an Gott glaubt, ist er viel wert. Und wenn er nicht an Gott glaubt, ist der Mensch ein Nichts und verdient dementsprechend lediglich, vernichtet zu werden.

Das wäre die genau gegenteilige Überzeugung davon, dass Gott an den Menschen glaube ...

Abdel-Samad: Wenn Gott tatsächlich an den Menschen glauben würde, gäbe es im Koran nicht mehr als 400 Verse, die über die Hölle – einschließlich der Beschreibung ihrer Qualen – in einer sadistischen Form sprechen. So heißt es etwa: Sie werden in der Hölle schmoren, und wann immer ihre Haut verbrannt ist von der Höllenqual, wird Gott den Menschen eine neue Haut darüberlegen, damit sie noch mehr Qualen erleiden. Warum brauche ich, wenn ich an den Menschen glaube, 400 Mal solche ekelhaften, sadistischen Worte, die über die Qualen der Hölle sprechen? Wo steht so direkt im Koran: Ich glaube an den Menschen, ich glaube an dich? Der Mensch wird stattdessen als ein Problem angesehen. Er ist ein Versager, er ist schwach und ihm muss der rechte Weg gewiesen werden – und zwar in jeder Angelegenheit. Sonst hat er keine einzige Chance, gerettet zu werden. So verhält sich aus meiner Sicht kein Gott, der an den Menschen glaubt, sondern ein Psychopath, ein Kontrollfreak. Wie ein gestörter Vater will er jede Angelegenheit seiner Kinder regeln. Wir können nicht erwarten, dass ein Kind eines solchen Vaters sich gesund entwickelt, sondern müssen davon ausgehen, dass es durch diese Angstpädagogik und das mangelnde Vertrauen Schaden erleidet. Wenn ich als Vater kein Vertrauen zu meinem Kind habe, ihm nicht die Freiheit gebe, auch selbst zu entscheiden, aus den eigenen Fehlern zu lernen, kann ich nicht erwarten, dass das Kind sich positiv entwickelt und ein Verantwortungsgefühl für sein Handeln ausbildet. Ganz im Gegenteil wird das Kind eine tiefe Skepsis gegenüber der Menschheit hegen und immer die anderen für die eigene Misere verantwortlich machen. Genau das machen viele in der islamischen Welt heute, weil sie so erzogen worden sind.

Ist denn damit für Sie das Thema Religion grundsätzlich erledigt? Handelt es sich hier nur um Probleme des Islam oder um eine ganz generell Anfrage an die Religion? Immerhin sind Sie auch Mitglied im Beirat der Giordano-Bruno-Stiftung, einer dezidiert religionskritischen Vereinigung.

Abdel-Samad: Aus meiner Sicht ist es ganz grundsätzlich ein Problem, wenn die Religion sich zu sehr in die Politik, in die Gesetzgebung und in den Alltag der Menschen einmischt. Das Problem für die Muslime sind und bleiben ihre heiligen Texte, aber auch das Vorbild des Propheten. Hier haben immerhin das Judentum und das Christentum – zumindest in Europa – andere Theologien ausgebildet. Sich aus manchen Fragen stärker herauszuhalten, hat dem Christentum in Europa nicht geschadet. Im Gegenteil: Es hat die Kirchen von der Last der Politik, der Last der Macht befreit. Die katholische Kirche mag hier noch einen weiteren Weg in diese Richtung vor sich haben. Aber mit dem neuen Papst ist zumindest deutlich, dass das realistisch ist – bei aller Gegenwehr innerhalb der Kirche mit ihren in Jahrhunderten gewachsenen Machtstrukturen. Christen können die Säkularisierung sogar mit dem Satz Jesu legitimieren: Gebt dem Kaiser, was des Kaisers ist, und gebt Gott, was Gottes ist. Mohammed hat so etwas nie gesagt, weil er irgendwann selbst Kaiser war und Tribut verlangt hat, was dann auch im Koran verankert wurde.

*Kann man denn die beiden Religionsstifter, Jesus von Na-
zareth für das Christentum und Mohammed für den Islam, wirklich so ohne Weiteres vergleichen?*

Abdel-Samad: Natürlich kann man sagen, dass Jesus
nur drei Jahre oder sogar deutlich weniger als öffentli-
che Figur und als Prediger wirkte und nie eine Gemeinde aufgebaut habe. Mohammed hat hingegen 23 Jahre
die Rolle des Propheten innegehabt und mehrere weitere Funktionen gleichzeitig in sich vereinigt: Er war
auch Staatsoberhaupt, Feldherr, religiöses Oberhaupt,
außerdem Finanzminister, Richter und Polizist. All diese Funktionen hat er mit dem Prophetsein vereint. Das
nenne ich den Geburtsfehler des Islam. Der Islam ist
deshalb nicht nur eine Lehre, sondern auch eine politische Praxis – und eine Ideologie. Von all dem kann man
sich nur sehr schwer lösen, weil die Existenzberechti-
gung darauf fußt, was der Prophet durch diese Vermi-
schung geschaffen hat. Nicht nur die Islamisten sind davon überzeugt: Erst als der Prophet all diese Rollen in
sich vereinigt hatte, ist der Islam mächtig geworden, ist
aus zerstrittenen arabischen Stämmen eine Weltmacht
hervorgegangen. Und viele sagen heute, dass der Islam
deshalb so schwach geworden ist, weil sich die Muslime
von der Lehre und der Praxis des Propheten entfernt haben. Um wieder zu alter Macht zu kommen, müsse man
das umsetzen, was der Prophet damals umgesetzt habe.
Das ist einer der Flüsse, die am Ende in den Ozean des
IS münden.

Aber faktisch gibt es eben doch auch Ansätze der anderen Art, den Islam zu erklären und ihn als heute überzeugende Religion zu präsentieren ...

Abdel-Samad: Wenn Mouhanad Khorchide will, dass wir jetzt stärker säkular leben: Warum gibt es dann den Islam? Jedenfalls nicht, um Teil einer modernen Gesellschaft zu werden. Er ist gekommen, um Gottes Wort durchzusetzen und in der Welt zu verbreiten, und nicht, um sich klein zu machen und mit Juden und Christen in Frieden zu leben.

Khorchide: Es ist keine Frage, dass der Islam in seiner Geschichte und Gegenwart darunter gelitten hat und heute noch darunter leidet, dass seine Lehre stark für politische Zwecke instrumentalisiert wird. Eine institutionelle Trennung zwischen Religion und Politik soll keineswegs heißen, dass Grundsätze, die die Religion schützen will – wie Gerechtigkeit, Gleichheit, Freiheit, Menschenwürde und so weiter – aus dem politischen Geschehen verbannt werden. Mit der Trennung ist vielmehr intendiert, die Religion selbst vor Missbrauch, aber auch die Politik vor falschen Machtansprüchen im Namen der Religion zu schützen. In meinem Buch »Islam ist Barmherzigkeit« habe ich ausführlich die Notwendigkeit der Trennung zwischen der Rolle Mohammeds als Verkünder einer religiösen Botschaft und Mohammed als Staatsoberhaupt unterstrichen. Diese Unterscheidung ist für das Verständnis des Islam als spirituelle und ethische Botschaft entscheidend. Mohammed als Gesandter hatte eine göttliche

Botschaft zu verkünden, er war der Überbringer dieser Botschaft. Als Staatsoberhaupt in Medina war er bemüht, den Grundstein zur Errichtung eines Rechtsstaates zu legen. Als Gesandter verkündete er neben dem Monotheismus und den gottesdienstlichen Praktiken allgemeine Prinzipien, die für jede Gesellschaft gelten sollten: Gerechtigkeit, Unantastbarkeit der menschlichen Würde, Freiheit und Gleichheit aller Menschen sowie die soziale und ethische Verantwortung des Menschen. Später als Staatsoberhaupt in Medina ab dem Jahre 622 lag ihm daran, diese Prinzipien mit den ihm im siebten Jahrhundert auf der Arabischen Halbinsel zur Verfügung stehenden Mitteln und Kenntnissen in die Praxis umzusetzen. Die Unterscheidung zwischen diesen beiden Funktionen hat Mohammed selbst vorgenommen.

Können Sie dafür ein Beispiel geben?

Khorchide: Als der Prophet nach Medina kam, sah er, wie die Menschen dort Dattelpalmen miteinander kreuzten. Er hat ihnen davon abgeraten, woraufhin die Ernte schlecht ausfiel. Auf ihre Kritik daran antwortete er: Ich bin nur ein Mensch. Wenn ich euch hinsichtlich eurer Religion etwas anordne, so befolgt es. Wenn ich euch jedoch ansonsten etwas aufgrund meiner Meinung anordne, so bin ich nur ein Mensch. Ihr kennt euch besser aus in euren irdischen Angelegenheiten als ich. Hier zieht der Prophet also eine klare Trennung zwischen dem, was er als Gottes Gesandter verkündet, und dem, was er als Mensch als seine Meinung vorträgt. Ähnliche Situationen wiederholten sich öfters. Für die Gefährten des Propheten war diese Unterscheidung zwischen beiden Funktionen eine Selbstverständlichkeit. Islamische Gelehrte jedoch, die alle Äußerungen Mohammeds als Teil seiner göttlichen Verkündung sehen, betrachten alle juristischen Regelungen und die gesamte Gesellschaftsordnung in Medina – dazu gehören auch die Geschlechterrollen – als kontextunabhängige, verbindliche göttliche Gesetzgebung, die alle Muslime, auch die heutigen in Europa, anstreben müssten. Dieses Verständnis blockiert jedoch jede Möglichkeit der Weiterentwicklung der juristischen Ordnung, wie sie zu Zeiten des Propheten in Medina herrschte, und erschwert die Akzeptanz irgendeiner anderen Gesellschaftsordnung. Es zwingt jeden Muslim, rückwärtsorientiert zu denken.

Mit welchen Konsequenzen für den Islam?

Khorchide: Der Islam leidet stark darunter, dass wir Muslime ihn auf eine juristisch normative Ebene reduzieren. Der Gläubige will primär wissen: Was darf ich, was darf ich nicht? Was ist erlaubt, was ist verboten? Der Koran will aber den Menschen zu einem mündigen Wesen, das seine Religiosität selbst entfaltet, erziehen. Religion will den Menschen im Herzen berühren. Wie kann ich aber Gott lieben und vertrauen, wenn meine Beziehung zu ihm rein über juristische Kategorien definiert wird? Mit Angstpädagogik wollen manche Erzieher schnell zum Ziel kommen, weil sie davon ausgehen, dass es Gott lediglich um das Ausführen von Befehlen geht. Der Koran spricht eine andere Sprache. Gott ist demnach dem Menschen nah und bedingungslos zugewandt, er definiert seine Beziehung zum Menschen über die Kategorie Liebe: Er liebt sie und sie lieben ihn, heißt es in Vers 54 von Sure 5. Diesen liebenden Gott haben wir Muslime leider fast aufgegeben und ihn durch die Vorstellung eines Stammesvaters ersetzt.

Ist der Koran nun Menschenwort oder Gotteswort?

Der Koran ist Gottes Menschenwort. Gott spricht durch den Menschen. Aber: Der Koran wurde diskursiv verkündet, also in Abhängigkeit von den Adressaten. Er ist das Resultat von Dialog, Debatte, Argumentation, Annahme und Zurückweisung. Und es ist die Herausforderung an uns heute, die Frage zu stellen, was der Koran uns heute sagen will. **(Mouhanad Khorchide)**

Ich lese den Koran als ein Produkt menschlicher Entwicklungen – und das macht ihn für mich reich und auch dynamisch. Auch mir geht es darum, den Koran zu kontextualisieren. Aber das heißt für mich auch, die Behauptung, es handele sich um das Wort Gottes, beiseite zu legen. Dann geht es darum, zu schauen, welche Entwicklung Mohammed als Mensch und später auch seine Gemeinde durchgemacht haben. **(Hamed Abdel-Samad)**

Angesichts des Streits darum, inwieweit der Korantext heute interpretiert werden muss und nicht einfach wortwörtlich gelesen darf, stellt sich die fundamentale Frage: Ist der Koran nun Menschenwort oder Gotteswort?

Khorchide: Der Koran ist Gottes Menschenwort. Gott spricht durch den Menschen. Aber: Der Koran wurde diskursiv verkündet, also in Abhängigkeit von den Adressaten. Er ist das Resultat von Dialog, Debatte, Argumentation, Annahme und Zurückweisung. Wenn das geistige, politische und gesellschaftliche, aber auch psychologische Niveau der Erstadressaten auf einer bestimmten Stufe steht, spricht der Koran mit den Menschen auch auf dieser Stufe – also in Abhängigkeit von den Adressaten. Und es ist die Herausforderung an uns heute, die Frage zu stellen, was der Koran uns heute sagen will. Wir dürfen keineswegs beim Wortlaut des Korans stehen bleiben. Dies tun muslimische Fundamentalisten genauso wie Islamkritiker, beide halten fest am Wortlaut des Korans und lehnen eine metaphorische Lesart des Korans ab, sie weigern sich, nach dem Geist hinter dem Text zu fragen.

Abdel-Samad: Also holt Gott die Leute dort ab, wo sie stehen. Ach ja …

Khorchide: Genau, das ist richtig auf den Punkt gebracht. Es hängt letztlich von uns ab, den heutigen Adressaten des Korans, wie wir ihn verstehen und auslegen. Meine These lautet: Der Koran wurde bewusst so verkündet, dass Gott sich der Sprache, nicht nur der linguistischen, sondern auch der kulturellen Sprache der Adressaten angepasst hat, ähnlich, wie wenn man mit Kindern redet und auf ihren Verstehenshorizont eingeht. Dieselbe Botschaft gerichtet an ein achtjähriges Kind oder an einen Menschen, der 25 Jahre alt ist, wird jeweils anders verpackt.

Abdel-Samad: Aber warum sollte Gott dazu gezwungen sein? Wer zwingt Gott? Normalerweise sollte Gott frei sein von jedem Zwang. Er muss seine Botschaft unabhängig von den Adressaten formulieren können. Die Adressaten sollten sich anpassen und nicht umgekehrt.

Khorchide: Das ist das Problem: Sie gehen von einem sehr restriktiven Gottesverständnis aus und lehnen diesen Gott nicht zu Unrecht ab. Aber das ist nicht mein Gottesbild. Gott verkündet den Koran dialogisch, daher orientiert er sich sehr wohl an den Adressaten. Sie hingegen teilen mit den Salafisten und Fundamentalisten dasselbe restriktive Gottesbild. Dieses Verständnis geht von einem Gott aus, der im Himmel sitzt und sich für die Anliegen der Menschen nicht interessiert, weil er nur verherrlicht werden will. Ist das aber noch Gott, von dem wir hier reden? Sicher nicht. Das ist vielleicht die Hauptdifferenz zwischen uns beiden und auch mein Kritikpunkt an Ihnen – wie auch an den Salafisten. Sie nehmen den Koran und behandeln ihn als ahistorisches Wort, unabhängig von den Adressaten, weil sie ein entsprechendes einseitiges Bild von Gott vertreten, der lediglich im Koran einen Monolog führt.

Abdel-Samad: Ich mache das überhaupt nicht. Ich lese den Koran als ein Produkt menschlicher Entwicklungen – und das macht ihn für mich reich und auch dynamisch. Die Salafisten nehmen ihn tatsächlich ahistorisch, jenseits des Kontextes. Auch mir geht es darum, den Koran zu kontextualisieren. Aber das heißt für mich auch, die Behauptung, es handele sich um das Wort Gottes, beiseite zu legen. Vielmehr geht es darum, zu schauen, welche Entwicklung Mohammed als Mensch und später auch seine Gemeinde durchgemacht haben. Dabei kann man durchaus zeigen, dass und wie sich im Koran das Unterbewusstsein Mohammeds widerspiegelt.

Inwiefern sollte dieser Text das Psychogramm eines Religionsstifters sein?

Abdel-Samad: Das gilt insbesondere für die Enttäuschungen, die er im Laufe der Zeit erlebt hat. So kann man beispielsweise besser verstehen, warum Gott im Koran sein Bedauern über den Zustand der Menschen zum Ausdruck bringt und in Sure 36, Vers 30 sagt: Schade um den Menschen. Gott dürfte so einen Begriff wie »Schade« gar nicht benutzen.

Warum sollte Gott das verboten sein?

Abdel-Samad: Das Wort »Mensch« kommt im Koran 61 Mal vor, und jedes Mal ist das Wort negativ konnotiert. Gott schimpft über die Menschen. Die Menschen seien ungläubig, selbstgefällig, arrogant, sogar Versager – außer diejenigen natürlich, die an Gott glauben. Alle Menschen außer einer kleinen auserwählten Gruppe sind deshalb verdammt. Und hier beginnt die Gewalt: Denn diese kleine Gruppe ist befugt, sich einzumischen. Sie hat Macht über Leben und Tod der anderen. Wenn Gott über die Ungläubigen sagt, dass sie schlimmer seien als die Tiere, disqualifiziert sich dieser Gott jedoch – einmal ganz abgesehen davon, dass Gott auch die Tiere geschaffen hat. Gott sagt im Koran angeblich auch, dass am jüngsten Tag die Gläubigen eine weiße Haut haben werden und die Ungläubigen eine schwarze Haut. Das ist doch ein rassistischer Gott. Einen solchen Gott kann ich nicht ernst nehmen.

Khorchide: Aber auch wenn es 61 Stellen gibt, die negativ vom Menschen sprechen, ist das eben auf bestimmte Adressaten bezogen, die Mohammed zu jener Zeit angesprochen hat. Das sind nicht Sie, das bin nicht ich, das ist nicht der Mensch an sich, sondern das sind die jeweiligen damaligen Adressaten.

Abdel-Samad: Er sagt »der Mensch«.

Khorchide: Das stimmt, aber wie könnte man diese Passagen ansonsten in Einklang mit anderen im Koran bringen, die den Menschen als das edelste Geschöpf Gottes beschreiben? Der Koran betont die Verantwortung des Menschen: Er selbst hat das Ruder in der Hand. Gott müsste ansonsten ja auch persönlich erscheinen und immer wieder direkt in der Welt eingreifen. Aber Gott hält sich ja völlig zurück.

Abdel-Samad: Er hält sich nicht zurück. Er gibt den Menschen Gebote und Verbote.

Khorchide: Die vielen Gebote und Verbote sind von den Gelehrten als rechtliches Schema konstruiert worden, der Koran selbst verwendet nur selten eine juristische Sprache. Ich meine mit dem Eingreifen Gottes, zu dem es nicht kommt: heute, hier und jetzt in unserem Leben auf der Erde. Wir sind jedoch in der Lage, die Welt zu gestalten und sogar dazu beauftragt ...

Abdel-Samad: Das ist Projektion. Wir wissen nicht, welches Verhältnis Gott zur Erde hat. Das können wir nicht wissen. Nur weil es ein paar angeblich heilige Texte gibt, fühlen wir uns ermächtigt, über Gott zu reden. Aber das tun wir ausschließlich von unseren Erfahrungen her.

Khorchide: Ja, und bei diesen unseren Erfahrungen sollten wir erst einmal bleiben, von diesen sollten wir ausgehen. Ich versuche, den Muslimen eine konstruktive und offene Lesart des Islam anzubieten, um dann andere Erfahrungen zu ermöglichen. Letztendlich kommt es darauf an, was Muslime aus ihrer Religion machen. Auf keinen Fall jedoch können wir Gott, wie er wirklich ist, begreifen – und schon gar nicht, wenn wir dabei verharren, ihn nur zu kritisieren.

Abdel-Samad: Ich kritisiere ihn nicht, ich kenne ihn ja gar nicht.

Khorchide: Selbst wenn ich ihn beschimpfen würde: Gott würde nicht kommen und mich zurechtweisen. Unsere Lebenserfahrung belegt uns ja tagtäglich: Gott greift nicht unmittelbar in das Weltgeschehen ein.

Abdel-Samad: Aber wir lassen ihn wirken durch die Texte, die wir als göttliche Botschaften überhöhen. Das gilt vor allem dann, wenn wir davon ausgehen, dass es die letzte Botschaft sei, die Gott an die Menschen gerichtet habe. Die Mehrheit der Muslime, nicht nur die Fundamentalisten, glauben daran, dass der Koran die letztgültige und vollkommene Botschaft Gottes an die Menschen sei. Und wenn wir davon ausgehen, dass der Koran das Manifest Gottes ist, bevor er für immer geschwiegen hat, müssen wir ihn ernst nehmen. So begründen nicht zuletzt die Salafisten, dass der Koran alles an Geboten und Verboten enthält – und gewissermaßen unsere Gebrauchsanweisung für das Leben ist. Ob Gott in Wirklichkeit existiert und so handelt, ist eine andere Sache. Aber die Menschen, die aus dem Koran Gottes Wort gemacht haben – und das ist die absolute Mehrheit der Muslime – machen es uns unmöglich, dass zu relativieren.

Khorchide: Das haben Sie schön gesagt: Die Menschen, die das daraus gemacht haben … Also ich setze genau da an und sage: Gott ist die Wahrheit, die Wahrheit liegt ausschließlich geschützt bei ihm – und wir bleiben die, die lediglich nach der Wahrheit suchen.

Abdel-Samad: Weil es so im Koran steht?

Khorchide: Das sage ich als Gläubiger, weil Gott sich so im Koran beschreibt.

Abdel-Samad: Im Koran? Dann müssen wir auch die anderen Dinge im Koran ernst nehmen. Wir können nicht sagen, das eine sei absolut und das andere nicht.

Khorchide: Natürlich können wir das sagen. Indem Gott selbst die Wahrheit ist, prallen alle anderen Absolutheitsansprüche an ihm ab. Gott sagt gewissermaßen: Du Mensch, sobald du den ersten Satz im Koran liest, fängst du schon an zu interpretieren. Behaupte nie, dass deine Interpretation absolut ist. Indem Gott die Wahrheit ist, schützt er uns vor den Absolutheitsansprüchen des Menschen. Und genau das ist meine Kritik an Gelehrten, die ihre Positionen als göttlich verkaufen wollen. Noch tragischer sind Muslime, die die Aussagen von Gelehrten für absolut halten und somit für göttlich. Kein Mensch kann die Wahrheit besitzen.

Abdel-Samad: Gott verleiht seine Macht aber dem Propheten und den Machthabern des Islam, indem er die Gläubigen verpflichtet, ihnen gehorsam zu sein. Das ist eine Übertragung seiner Macht. Er befiehlt den Gläubigen, sich auf eine bestimmte Weise gegenüber Ungläubigen zu verhalten, oder etwa auch den Männern gegenüber den Frauen. Auf diese Weise beeinflusst er das menschliche Verhalten der Muslime untereinander, wie gegenüber anderen – und das widerspricht wiederum der Überzeugung, dass nur er selbst die absolute Wahrheit ist oder sie einfach für sich behält.

Khorchide: Das ist eine Auslegung, die vor allem diktatorische Regime unterstützen, um ihre Machtansprüche religiös zu begründen und jegliche Opposition als Opposition zu Gott zu disqualifizieren. Wenn Gott im Koran befiehlt, den Propheten und Machthabern zu gehorchen, geht es um eine politische Dimension – so wie wir heute sagen würden: Haltet euch an das Grundgesetz. Aber es gibt mit Blick auf die religiöse Sphäre auch die Warnung davor, Mönche und Gelehrte zu Göttern zu erheben.

Abdel-Samad: Der Islam hat eine solche Verehrung in einem ganz bestimmten Kontext bekämpft. Offenkundig ist der Vers auf das Christentum bezogen, weil dieses die Mönche, die es gab, quasi vergöttlicht hatte.

Khorchide: Es ist eine Kritik der Judenchristen. Adressaten dieser Kritik sind aber alle Adressaten des Korans. Daher lese ich sie auch als eine kritische Anfrage an mich – weil heute ich zu den Adressaten des Korans gehöre.

Abdel-Samad: Das Problem besteht allerdings darin, dass Gott Mohammed im Koran genauso wie jene Mönche beschreibt und ihm dieselben Befugnisse zuschreibt, die er bei diesen zuvor kritisiert hat: Was der Prophet euch nun gibt, das nehmt an; und was er untersagt, dessen enthaltet euch! Da gibt es keinen Raum für Diskussionen. Ein weiterer Vers sagt: Und es ziemt sich nicht für einen gläubigen Mann oder eine gläubige Frau, wenn Allah und sein Gesandter eine Sache entschieden haben, dass sie in ihrer Angelegenheit eine Wahl haben sollten. Und wer Allah und seinem Gesandten nicht gehorcht, der geht wahrlich irre in offenkundigem Irrtum.

Khorchide: Wie gesagt, der Koran selbst macht diese Unterscheidung zwischen Mohammed als Verkünder und Mohammed als Ausleger dieser Verkündung. Als Mensch, der selbst interpretiert, wird er sogar im Koran kritisiert. Die koranische Kritik an Mohammed lässt sich nicht mit einem Aufruf zum bedingungslosen Gehorsam vereinbaren. Deshalb ist die Aufforderung, dem Propheten zu gehorchen, nicht pauschal zu verstehen. Die Gelehrten sind sich einig, dass die Lehre Mohammeds, wenn es um religiöse Rituale wie das Gebet oder das Fasten geht, so übernommen wird, wie er sie verkündet hat. Aber was hat der Prophet sonst genau gesagt und gemeint? Letztlich gibt es zu viele mehrdeutige Aussagen des Korans, sodass der Koran selbst sehr interpretationsbedürftig ist. Mohammed hat den Koran gebracht, leider jedoch kein exegetisches Werk über ihn geschrieben.

Abdel-Samad: Das ist ein sehr gefährlicher Gedanke, den Sie da gerade entwickeln. Die Salafisten verleihen dem Koran eine absolute Macht und Sie verwässern ihn, indem Sie sagen, dass er nicht eindeutig sei mit seinen Aussagen. Aber das hilft nicht aus dem Dilemma.

Khorchide: Ich lehne eben diese salafistische Lesart des Korans, die beim Wortlaut stehen bleibt, strikt ab. Salafisten und andere Konservative werfen mir vor, es sei kein authentischer Islam, wenn man nicht alle Körperstrafen, wie sie im Koran vorkommen, wortwörtlich versteht und vieles mehr. Und da sehe ich meine Aufgabe in einer aufklärerischen Arbeit – die sicher noch viel Geduld und gute Nerven brauchen wird.

Wer und vor allem wie ist Gott?

Das ist doch der Schlüsselsatz im Koran, wenn Gott sagt: Ich habe die Menschen und Dschinns, die Geister, geschaffen, damit sie mich anbeten. Das ist unsere Raison d´être: ein egoistischer Gott. Ein Gott, der die Menschen nicht geschaffen hat, damit sie sich frei entfalten, sondern einfach nur für sich selbst, damit sie ihn anbeten und verehren. Das ist ein so einsamer, egoistischer, eifersüchtiger Gott. **(Hamed Abdel-Samad)**

Was Sie hier beschreiben, ist das, was auch Fundamentalisten unter Gott verstehen – aber genau das ist eben nicht Gott. Gott beansprucht nichts für sich. Natürlich kommen dann die Salafisten mit dem Vers: Ich habe den Menschen für mich geschaffen, damit er mir dient. Mein Argument dagegen: Weiterlesen! Der Vers geht ja weiter: Ich will von ihnen nicht, dass sie mir Speise oder sonst etwas geben. »Dienen« soll nicht bedeuten, dass Gott etwas von ihnen will. **(Mouhanad Khorchide)**

Wird Gott im Islam nicht tatsächlich so sehr von seiner Transzendenz her gedacht, dass man nur mit großen Schwierigkeiten über seine Beziehung zu den Menschen sprechen kann?

Khorchide: Der Koran beschreibt Gott in einer Dialektik. Er ist zwar dem Menschen näher als seine Halsschlagader, so Sure 50, Vers 16. Dennoch bleibt er transzendent und unbegreiflich, wie es im 103. Vers der sechsten Sure heißt. Er ist nah, aber dennoch außerhalb dieser Welt. Daher greift er auch nicht unmittelbar in die Welt ein, sondern durch Naturgesetze, die er erschaffen hat und nach denen die Welt funktioniert. Er greift auch durch den Menschen selbst in die Welt ein, allerdings nur, wenn der Mensch sich in Freiheit für die »Kooperation« mit Gott entscheidet, indem er sich für das Gütige, das Konstruktive in der Welt einsetzt und seinen Beitrag dazu leistet. Gott nicht dialogisch zu denken: Das wäre ein restriktiver Gott. Natürlich verstehe ich die Kritik vollkommen, wenn Hamed Abdel-Samad beklagt, dass Gott es den Menschen dadurch schwerer mache. Aber Gott hat eben nicht alles einfach von oben herab genau bestimmt.

Abdel-Samad: Hat er uns wirklich eine solche Freiheit gegeben?

Khorchide: Ich sehe es so, dass er uns sagen will: Indem ich euch nicht alles ganz genau sage, lasse ich euch einen Interpretationsspielraum und vertraue eurer Vernunft und den Lehren, die ihr aus euren Erfahrungen zieht.

Abdel-Samad: Indem er über die Frage der Freiheit schweigt, gibt er uns die Möglichkeit zur Freiheit?

Khorchide: Ja, er hat uns das Ruder in die Hand gegeben. Wie bei einem kleinen Kind: Am Anfang sagst du dem Kind ganz genau, wie es sich verhalten muss, dabei nimmst du ihm ein Stück Freiheit. Je erwachsener der Mensch wird, desto mehr hält Gott sich zurück und gibt immer mehr Freiheit. Das ist meine These: Dass Gott sich in der Schöpfung immer mehr zurückhält und dabei bewusst das Risiko eingeht, dass wir uns sogar bekriegen und die Freiheit missbrauchen. Aber Freiheit und somit die Souveränität des Menschen entfalten sich, je mehr der Mensch selbst reift.

Abdel-Samad: Vielleicht ist das aber auch nur unsere menschliche Hilflosigkeit: Weil wir die Welt nicht verstehen, projizieren wir aus Schwäche unsere Probleme auf Gott. Alles wirkt planlos, die Menschen sind gewalttätig, und im Nachhinein versuchen wir, einen Sinn darin zu finden und sagen, dass das Gottes Wille war, eine Art Versuchung, aus der wir etwas lernen sollen.

Khorchide: Wir machen ja nicht nur schlechte Erfahrungen. In jedem Fall aber will Gott offensichtlich, dass wir unsere Erfahrungen selbst machen. Er will uns nicht bevormunden, sondern unsere Erfahrungen, die wir machen, ernst nehmen. Letztendlich greift er nicht ein, um unsere Erfahrungen zu verhindern, sondern umgekehrt: Er hat uns so erschaffen, dass wir offensichtlich Erfahrungen machen sollen, aber auch in der Lage sind, daraus Lehren zu ziehen.

Abdel-Samad: Aber letztlich sagt er die ganze Zeit, was Sache ist. Wenn man den Koran liest oder die Hadithe … Da wird immer ganz genau gesagt, was wir machen sollen. Gott lässt mit Blick auf die Gestaltung des Alltags keine Aspekte aus, angesichts derer er uns nicht sagen würde, was wir tun sollen. Daran ändert sich auch nichts, nur weil es ein paar Stellen im Koran gibt, wo er sagt: Wer glauben will, der glaube.

Khorchide: Die Gelehrten wollen uns sagen, was wir angeblich alles zu tun haben und was nicht – gerade, obwohl der Koran kaum juristische Aussagen macht. Ich sehe den koranischen Text zudem nicht als abgeschlossen an. Es ist in der Tat auch eine Frage unserer Entwicklung als Menschen, was wir aus diesem Text machen und wie wir ihn auslegen und rezipieren.

Abdel-Samad: Das denke ich auch. Aber es hängt nicht davon ab, wie wir den Text interpretieren, sondern wie unser Verhältnis zum Text ist. Wir dürfen ihn nicht als Orakel von Delphi betrachten und Wahrheit oder Weisheit daraus beziehen wollen …

Khorchide: Noch einmal: Sobald der Mensch anfängt, einen Text zu lesen, interpretiert und relativiert er ihn. Indem Gott die Wahrheit ist, schützt er sie. Kein Mensch kann deshalb beanspruchen, die Wahrheit zu haben. In dem Moment, in dem ein Mensch meint, im Besitz der absoluten Wahrheit zu sein, gibt er vor, Gott in die Tasche zu stecken. Das ist die Blasphemie schlechthin, dann ist Gott nicht mehr Gott. Wir können behaupten, dass wir uns der Wahrheit annähern, aber wir bleiben immer auf dem Weg als Suchende.

Abdel-Samad: Aber Gott bleibt nicht neutral in dieser Auseinandersetzung. Er befähigt die Gläubigen, die Auserwählten. Er gibt ihnen Macht über das Leben anderer, über den Alltag der anderen Menschen. Da ist das Problem. Gott zieht sich nicht zurück. Er glaubt nicht an die Menschen, er glaubt nur an die Gläubigen.

Khorchide: Das ist das, was konservative Gelehrte meinen.

Sind in der islamischen Tradition nicht tatsächlich vor allem nur die gläubigen Muslime im Blick?

Khorchide: Im sogenannten Mainstream-Islam stehen die Muslime in der Tat einen Rang über allen anderen Menschen. Nichtmuslime haben nach traditioneller Meinung auch keine Chance, der ewigen Hölle zu entgehen. Die muslimischen Mystiker wie Ibn Rumi oder Ibn Arabi sind hier Ausnahmen. Sie sehen die ewige Glückseligkeit auch für Nichtmuslime offen.

Abdel-Samad: Im Koran gibt es keine Ausnahmen. Wer ungläubig ist, schmort ewig in der Hölle, es gibt keine Rehabilitierungsmöglichkeiten für die Ungläubigen, wenn sie einmal gestorben sind. Haben sie an Mohammed nicht geglaubt, dann müssen sie in die Hölle. Es geht dabei nicht nur darum, an Gott zu glauben, sondern auch an den Islam, und man muss auch Mohammed als Propheten anerkennen.

Khorchide: Das ist die Frage. Was ist mit Unglauben gemeint? Geht es in diesem Fall wirklich um Unglauben? Bei vielen Versen, die von Ungläubigen sprechen, wird betont, dass sie absichtlich bestimmte Glaubensüberzeugungen leugnen.

Abdel-Samad: Aber im Koran gibt es auch den Begriff »Leugner« zusätzlich zu »ungläubig«. Und ob Menschen Ungläubige sind, hängt einzig davon ab, ob sie an Gott geglaubt haben.

Khorchide: Es ist sehr umstritten, ob das wirklich so ist. Bei dieser Metapher geht es nicht in erster Linie darum, Gott zu leugnen. Gott ist ohnehin nicht darauf angewiesen, dass an ihn geglaubt wird. Wenn Gott es brauchen würde, dass man an ihn glaubt und ihn anbetet, wäre er kein Gott mehr.

Abdel-Samad: Aber das ist doch der Schlüsselsatz im Koran, wenn Gott sagt: Ich habe die Menschen und Dschinns, die Geister, geschaffen, damit sie mich anbeten. Das ist unsere Raison d´être: ein egoistischer Gott. Ein Gott, der die Menschen nicht geschaffen hat, damit sie sich frei entfalten, sondern einfach nur für sich selbst, damit sie ihn anbeten und verehren. Das ist ein so einsamer, egoistischer, eifersüchtiger Gott. Und diese Überzeugung erzeugt natürlich auch Gewalt, weil man alles für ihn tun muss. Man kann sich als Mensch eben gerade nicht frei entfalten; alles muss sich immer um diesen Gott drehen. Man muss diesen Gott immer wieder neu zufriedenstellen. Wenn der Mensch eigenständig nach dem Sinn seines Lebens sucht, ist er beleidigt. Dieser Gott lässt dem Menschen keinen Spielraum, das eigene Leben frei zu gestalten. Von Anfang an ist der Mensch für diesen Gott geschaffen, um ihm zu dienen und ihn anzubeten.

Khorchide: Das haben Sie großartig formuliert – aber das wäre tatsächlich ein egoistischer, selbstsüchtiger Gott. Genau das sind meine Argumente: Was Sie hier beschreiben, ist das, was auch Fundamentalisten unter Gott verstehen – aber genau das ist eben nicht Gott. Gott beansprucht nichts für sich. Natürlich kommen dann die Salafisten mit dem Vers: Ich habe den Menschen für mich geschaffen, damit er mir dient. Mein Argument dagegen: Weiterlesen! Der Vers geht ja weiter: Ich will von ihnen nicht, dass sie mir Speise oder sonst etwas geben. Es soll eben nicht der falsche Schluss gezogen werden, dass mit Dienen gemeint ist, Gott etwas zu geben, was er womöglich für sich brauchen würde.

Abdel-Samad: Das wäre aber auch ein bisschen lächerlich. Als würde Gott überhaupt annehmen, dass die Menschen glauben könnten, dass er von ihnen ein Sandwich will …

Khorchide: Nein, hier geht es darum, dass die Menschen nicht missverstehen. »Dienen« soll nicht bedeuten, dass Gott etwas von ihnen will. Es geht hier nicht um die Perspektive Gottes.

Abdel-Samad: Geht man davon aus, dass Gott der Allmächtige tatsächlich spricht, könnte man das so verstehen wie Sie. Aber der Koran ist doch im Grunde ein bloß menschlicher Text. Es geht um einen Propheten, der sehr verzweifelt ist, der will, dass die Menschen an ihn glauben. Der Prophet versucht, sich hinter Gott zu verstecken. Aus einer menschlichen Sicht kann man das wiederum verstehen: Ich will von euch nichts, ich will nur, dass ihr an mich glaubt …

Khorchide: Problematisch am Glauben an ewige Höllenstrafen für alle Nichtmuslime, nur weil in ihrer Geburtsurkunde der Eintrag »Muslim« fehlt, ist ja gerade, dass dieser Glaube eine Grundlage dafür liefert, religiös begründete Hierarchien unter den Menschen herzustellen. Menschen mit dem Etikett »Muslim« hätten demnach einen höheren Wert als andere. Die eigentliche Herausforderung dabei lautet: Wenn Gott für sich das Recht in Anspruch nimmt, im Jenseits ewige Gewalt gegen Nichtmuslime auszuüben, steckt darin eine gewisse Legitimation für Extremisten, Gewalt gegen Nichtmuslime auch in diesem Leben auszuüben. Warum soll etwas verwerflich sein, das Gott sich selbst erlaubt und in Ordnung findet? Heute gehen einige Gelehrte hierzu langsam auf Distanz. Sie argumentieren, dass Gott gerecht sei. Insofern werde er Menschen nur für ihre vorsätzlichen Verfehlungen zur Rechenschaft ziehen, nicht aber jemanden, der nie von Gott gehört oder nur ein verzerrtes Bild von ihm habe. Deshalb lehne Gott es ab, dass so jemand auf ewig in die Hölle müsste, das wäre ungerecht. Meine These lautet nicht, dass der Glaube an Gott obsolet ist und es nur auf das Handeln ankommt. Ich meine vielmehr, dass der Glaube ohne entsprechendes aufrichtiges Handeln nicht viel nützt und dass ein aufrichtiges Handeln einen Glauben an Gott bezeugt.

Der Mensch zwischen Himmel und Hölle

Man mag im Koran viel über die Hölle lesen
können, aber das Paradies wird noch öfter erwähnt.
Letztlich geht es in diesen Texten um die Bejahung
des glücklichen Lebens an sich als oberstes Ziel.
(Mouhanad Khorchide)

Das ist doch des Menschen nicht würdig, wenn Gott
ihn – wie im Fall der Selbstmordattentäter – damit zum
Lebensopfer motivieren will, dass er ihm verspricht, im
Paradies so viel Sex haben zu können, wie er will. Da kann
man doch nicht sagen, Gott glaube an den Menschen.
Diese Vorstellungen sind menschenunwürdig.
(Hamed Abdel-Samad)

*Herr Khorchide, Sie haben davon gesprochen, dass Gott
sich auch aus der Sicht des Islam wesentlich dadurch auszeichnet, dass er an den Menschen glaubt. Was zeichnet
denn den Menschen im Koran aus?*

Khorchide: Der Koran verwendet für das Leben zwei Be-
griffe, einmal »dunya«, ein Begriff, der das Leben im Allgemeinen negativ sieht und als eine Art Vor-sich-Hin-
leben versteht. Und daneben gibt das Wort »hayat«, das
sehr positiv konnotiert ist.

Abdel-Samad: … weil das wirkliche Leben im Jenseits
stattfindet.

Khorchide: Nein, nein, »hayat« ist auch das Leben hier! Das betonen Verse im Koran wie Sure 16, Vers 97, die sich auf das diesseitige Leben beziehen.

Abdel-Samad: Aber den Vergleich gibt es schon in einem einzigen Vers in Sure 29, Vers 64: Dieses irdische Leben ist nichts als ein Zeitvertreib und ein Spiel; die Wohnstatt des Jenseits aber – das ist das eigentliche Leben. Das steht so da, da brauchen wir nicht zu interpretieren.

Khorchide: Das ist ein ethischer Appell an die Menschen, ihr Leben verantwortungsvoll zu gestalten, sie werden am Ende auch Rechenschaft über ihr Leben abgeben – so wie ich jemanden eine Aufgabe übertrage, für deren Erledigung er dann später auch die Verantwortung tragen muss. Der Koran kritisiert meiner Überzeugung nach vor allem ein unverantwortliches Leben.

Abdel-Samad: Und wo steht im Koran etwas über die Lebensfreude?

Khorchide: Man muss nur einmal die Beschreibungen des Paradieses lesen. Man mag im Koran viel über die Hölle lesen können, aber das Paradies wird noch öfter erwähnt.

Abdel-Samad: Was hat das mit dem Leben zu tun? Da geht es um das Jenseits. Und im Paradies sitzen die Gläubigen auf Sofas, essen Früchte und es gibt sogar Sex – und zwar Flatrate-Sex, jederzeit.

Khorchide: Letztlich geht es in diesen Texten um die Bejahung des glücklichen Lebens an sich als oberstes Ziel. Sie wollen den Entbehrungen des Lebens, die es ja gibt, etwas entgegensetzen.

Abdel-Samad: Das ist doch des Menschen nicht würdig, wenn Gott ihn – wie im Fall der Selbstmordattentäter – damit zum Lebensopfer motivieren will, dass er ihm verspricht, im Paradies so viel Sex haben zu können, wie er will. Da kann man doch nicht sagen, Gott glaube an den Menschen. Diese Vorstellungen sind menschenunwürdig. Das würden wir heute in jeder Weise als sexistisch ansehen. So spricht nur ein sexhungriger Wüstenbewohner. Aber Frauen sind auch Menschen! Glaubt Gott auch an die Frauen?

Khorchide: Sie antworten sich selbst, wenn Sie darauf hinweisen, dass wir das heute so sehen würden. Heute! Al-Ghazali schreibt bereits im elften Jahrhundert, dass alle diese Bilder, ob von der Hölle oder vom Paradies Metaphern seien. Wir können vom Diesseits aus über das Jenseits, über ein jenseitiges Leben eigentlich überhaupt nichts sagen. Das alles sind Sprachbilder. Allein für diese These haben mir die Salafisten den Glauben abgesprochen. Es kann doch nicht sein, dass wir hier gütig sein sollen, nur um ewig zu essen, zu trinken und etwas erotisches Flair zu haben – und das war es dann. Das wäre wirklich kein attraktives Paradies.

Abdel-Samad: Es sei denn derjenige, der den Koran verfasst hat, hatte das ständig im Sinn. Der Koran präsentiert uns einen Propheten, der sehr oft geheiratet hat – wann immer er eine schöne Frau gesehen hatte. Noch als er bereits mit neun Frauen verheiratet war, sagt Gott, dass es ihm erlaubt sei, sich mit weiteren, natürlich gläubigen, Frauen zu vermählen. Wenn so ein Mensch der Urheber des Korans ist, braucht man sich über die Beschreibung des Paradieses nicht zu wundern.

Wie sind denn, Herr Khorchide, von Ihrem Ansatz her die ausführlichen Beschreibungen des Paradieses im Koran mit Blick auf den Menschen heute zu verstehen?

Khorchide: Wir müssen auch hier den Koran und seine Sprache im Verkündungskontext lesen. Dann können wir diese Bildsprache und ihre Codierung heute viel besser entschlüsseln. Die Bilder des Paradieses stehen für Zustände, etwa den der ewigen Glückseligkeit in der Gottesgegenwart. Salafisten und Konservative lesen diese Bilder wortwörtlich. Auch hier gilt: Ähnlich wie in der Bibel darf man auch im Koran nicht Texte, die Adressaten früherer Jahrhunderte ansprechen, einfach für bare Münze nehmen. In der 47. Sure, Vers 15, beginnt die Beschreibung des Paradieses und der Hölle mit dem Hinweis: Ein Gleichnis vom Paradies. Es sind also Gleichnisse. Für die Araber im siebten Jahrhundert auf der Arabischen Halbinsel in der Wüste war die Vorstellung vom Regen, von grünen Bäumen und so weiter sehr attraktiv. Wir ärgern uns heute in Deutschland, wenn es viel regnet. Grün haben wir genug, da sind entsprechende Vorstellungen vom Paradies, in dem Wasser fließt und Bäume wachsen, für uns nicht so reizvoll wie für die damaligen Wüstenbewohner.

Abdel-Samad: Absolut. Im Koran steht, dass es im Paradies keine Sonne gibt.

Khorchide: Das wiederum ist in der Wüste eine sehr verlockende Vorstellung, die belegt, dass der Koran eben sehr diskursiv verkündet worden ist.

Abdel-Samad: Das ist Ihre Schlussfolgerung. Meine Schlussfolgerung lautet, dass der Koran menschlich ist. Er hat mit Gott, mit dieser höheren Instanz nichts zu tun, sondern mit Mohammed und seiner Gemeinschaft. Und deshalb sollte er auch im 21. Jahrhundert keine Rolle mehr spielen. Darauf sollten wir uns einigen, dann könnten wir diese Dinge relativieren und uns beide von den Salafisten distanzieren. Solange Sie aber sagen, der Koran sei von Gott, helfen auch Sie den Salafisten. Denn dann sagen sie: Woher willst du wissen, dass das alles nur Metaphern sind? Steht im Koran, dass es nur Metaphern sind?

Herr Khorchide, wie erklären Sie das Ihren Studentinnen und Studenten?

Khorchide: Wenn ich einem Kind im Alter von drei oder vier Jahren als Motivation Schokolade verspreche und jemand diese Begebenheit erzählt, wäre es auch problematisch, wenn später Menschen sagen, ich hätte jedem – auch Doktoranden von mir – Süßigkeiten gegeben, um ihn zu motivieren. Sie würden pauschalisieren und vergessen, dass ich in einem bestimmten Kontext mit einem Kind gesprochen habe. Für das Kind war diese Art der Kommunikation nicht unwürdig – bei uns Erwachsenen wäre das natürlich etwas ganz anderes. Genauso darf man nicht vergessen, dass die Erstadressaten Mohammeds einfach gestrickte Menschen waren und in Bildern gedacht haben. Unsere hermeneutische Herausforderung heute besteht darin, zwischen den Zeilen zu lesen. Das verstehen meine Studierenden auch.

Abdel-Samad: Aber warum werden alle Metaphern an die Männer gerichtet? Was ist mit den Bedürfnissen der Frauen? Frauen werden lediglich als Objekt gesehen. Wenn du im Krieg eine Frau gefangen nimmst, so steht im Koran, gehört sie dir und du kannst mit ihr machen, was du willst. Was ist die Schokolade für die Frau im Paradies?

Khorchide: Das sagt viel über die Erstadressaten des Korans aus. Der Koran hatte es mit einer patriarchalen Kultur zu tun, in der es anstößig war, öffentlich und direkt mit Frauen über ihre sexuellen Vorlieben zu reden. Natürlich ist das etwa in der arabischen Welt bis heute so. Deshalb aber ist es so wichtig, sich über diese Fragen Gedanken zu machen.

Abdel-Samad: Wir dürfen nicht einfach sagen, was die Masse der Muslime von uns erwartet. Sonst wird es keine

Reform geben. Man muss die Menschen auch schockieren.

Khorchide: Genau das hat der Koran nicht gemacht, er ist auf die Menschen des siebten Jahrhunderts eingegangen.

Abdel-Samad: Es wird aber nicht gelingen, aus diesen patriarchalen Traditionsbeständen ein bisschen Humanismus zu saugen. Das wird nicht funktionieren. Die Ressourcen dafür sind nicht da.

Khorchide: Wir Menschen sind doch die Ressourcen dafür. Für welchen Islam machen wir uns Muslime stark? Davon wird es abhängen. Es ist doch positiv, wenn Gott uns zutraut, dass wir seine Worte, die er primär an die Menschen im siebten Jahrhundert gerichtet hat, in der heutigen Zeit auslegen und die Potenziale dieser Texte von damals für uns heute entdecken. Das gehört auch zur Würde des Menschen, die Gott uns geschenkt hat. Ich sehe das als einen Auftrag an.

Abdel-Samad: Ist es auch ein Zeichen von Würde, dass Gott sich so missverständlich ausgedrückt hat, dass fast 300 Millionen Menschen in den muslimischen Eroberungskriegen gestorben sind? Was haben wir bisher, seit dem siebten Jahrhundert, daraus gelernt? Die Eroberungskriege haben bis heute nicht aufgehört.

Khorchide: Das ist das Risiko, das Gott eingeht, wenn er den Menschen mit Freiheit ausgestattet hat. Für dieses Unheil, das Sie ansprechen, sind wir Menschen verantwortlich. Wir lernen daraus, zumindest in Europa gibt es inzwischen eine sehr große Sensibilität für die Menschenrechte.

Anforderungen einer demokratischen Gesellschaft

Ich folge Mohammed in seiner Haltung. Er war Reformer, er wollte etwas verändern, er war ein Querdenker. Diese seine Haltung ist für mich heute ansprechend, über alle anderen Details wissen wir wirklich sehr wenig und es sind hoch spekulative Erzählungen über Mohammed, die zum Teil in der islamischen Tradition selbst kritisiert werden.
(Mouhanad Khorchide)

Was hat er verändert? Hat er die Sklaverei abgeschafft? Nein! Hat er die schlechte Behandlung der Frau verbessert? Nein! Mohammed hat im Koran etabliert, dass ein Mann seine Frau schlagen darf, wenn er befürchtet, dass sie widerspenstig wird. Inwiefern ist das revolutionär? Das ist ein Rückfall!
(Hamed Abdel-Samad)

Gerade über das Verhältnis des Islam zu den universellen Menschenrechten im Besonderen und dem modernen Rechtsstaat im Allgemeinen ist zuletzt viel diskutiert worden. Sie sprachen schon von Demokratie und Menschenrechten als Horizont heutiger Koranlektüre. Inwiefern ist aber der Islam vereinbar mit den Anforderungen einer rechtsstaatlichen Gesellschaft?

Khorchide: Das hängt immer von unserem jeweiligen Verständnis vom Islam ab. Daher kann man nicht verallgemeinern und sagen, der Islam sei mit den Menschenrechten vereinbar oder nicht. Wenn man zwischen der Rolle Mohammeds als Prophet und als Staatsoberhaupt unterscheidet, und den Islam als spirituelle und ethische Botschaft auffasst, ist der Islam sehr wohl kompatibel mit dem Leben in einem demokratischen, säkularen Staat. Anders sieht es im Fall der Islamisten aus, die die historische Situation in Medina mit Mohammed als Staatsoberhaupt als ein geschlossenes System verstehen, das es mit all seinen Gesetzen auf das 21. Jahrhundert zu übertragen gelte. Da stößt man dann auf viele Hürden. Wenn man aber die Botschaft Mohammeds ethisch-spirituell und nicht juristisch versteht, geht es dem Koran vor allem darum, wie man Gerechtigkeit in einer Gesellschaft schafft. Selbst bei den Körperstrafen von damals ging es um die Frage, wie man eine gerechte Gesellschaftsordnung herstellen kann. Es ging dabei um Gerechtigkeit und nicht um die juristischen Mittel, die sich mit der Gesellschaft wandeln.

Abdel-Samad: Was ist daran gerecht, eine Frau auszupeitschen oder zu steinigen, die lediglich Sex hatte? Sie hat damit niemanden geschadet, sie hat das freiwillig und mit Liebe gemacht. Und was ist daran gerecht, wenn eine Frau, die ein Muslim im Krieg erbeutet, sich ihm sofort unterwerfen und mit ihm Sex haben muss, weil das gottgewollt sei? Das ist absolut ungerecht.

Khorchide: Sie wissen aber, dass der Koran nicht von Steinigung spricht. Und es ist stark umstritten in der islamischen Theologie, dass …

Abdel-Samad: Auspeitschung steht im Koran, in Ordnung.

Khorchide: ... für Männer und Frauen, nicht nur für die Frauen. Für beide sind 100 Peitschenhiebe vorgesehen, wenn sie öffentlich Ehebruch begehen. Hinzukommt im Koran als Voraussetzung, dass vier Zeugen die beiden dabei erwischen müssen, wie sie Ehebruch begehen. Das setzt einen öffentlichen Akt voraus, was nicht heißt, dass diese Sanktion für uns heute verbindlich ist. Was für uns heute aber wichtig ist, ist die Frage nach dem Schaffen von geschützten öffentlichen Räumen.

Abdel-Samad: Vergessen wir die Prozedur. Das Problem ist das Anliegen dahinter.

Der Koran hat Ihrer Überzeugung nach also keinen Sinn für Gerechtigkeit?

Abdel-Samad: Gerechtigkeit hat meiner Überzeugung nach jedenfalls nichts damit zu tun, dass ich mich in die privaten Angelegenheiten von Menschen einmische. Ich darf ihnen nicht sagen, wie sie leben und wen sie lieben sollen. Gerechtigkeit bezieht sich auf unsere Beziehungen zueinander als Menschen. Was ich im Privaten tue, was ich trinke oder esse, all das ist meine Angelegenheit.

Khorchide: Gerechtigkeit ist ja nichts, was vom Himmel fällt. Gerechtigkeit hat tatsächlich vielmehr mit Konzepten zu tun, die wir Menschen aushandeln. Das gilt im Übrigen auch für die europäischen Kulturen, in denen man noch vor 200 Jahren etwas ganz anderes unter Gerechtigkeit verstanden hat

Abdel-Samad: Jesus war noch vor Mohammed da und hat gesagt: Wer von euch ohne Sünde ist, der werfe den ersten Stein. War Jesus, 600 Jahre vor Mohammed, nicht schon viel weiter als er?

Khorchide: Das würde dann aber auch wieder für die Griechen gelten. In Bezug auf die Demokratie waren sie viel weiter, nicht nur als der Islam, sondern lange Zeit auch im Vergleich mit dem Christentum und der Kirche. Der Satz aus der Bibel, den Sie zitiert haben und der übrigens auch für Muslime gelten sollte, ist zu wenig. Die Kirche hat das offensichtlich über viele Jahrhunderte, über fast 1000 Jahre auch nicht ernstgenommen, was sehr traurig ist. Aber es stimmt natürlich auch: Wenn es um Demokratien und Menschenrechte geht, stehen wir im Islam demgegenüber erst am Anfang eines Lernprozesses, das ist ganz klar.

Abdel-Samad: Mohammed hat bereits nach den Maßstäben seiner Zeit Verwerfliches getan. Und es wäre selbst dann nicht tugendhaft, grausame Dinge zu tun, wenn das in der Umgebung üblich ist. Ich erwarte von einem Propheten, dass er einen revolutionären Ansatz vertritt und nicht nur tut, was die anderen tun. Inwiefern sollte das eine Legitimation für ihn sein?

Was heißt das nun für die Moderneverträglichkeit des Islam? Oder wird diese Frage bereits an der Rolle seines Gründers negativ entschieden?

Khorchide: Ich folge Mohammed in seiner Haltung. Er war Reformer, er wollte etwas verändern, er war ein Querdenker. Diese seine Haltung ist für mich heute ansprechend, über alle anderen Details wissen wir wirklich sehr wenig und es sind hoch spekulative Erzählungen über Mohammed, die zum Teil in der islamischen Tradition selbst kritisiert werden.

Abdel-Samad: Was hat er verändert? Hat er die Sklaverei abgeschafft? Nein! Hat er die schlechte Behandlung der Frau verbessert? Nein!

Khorchide: Zu seiner Zeit schon. Nach damaligen Maßstäben hat er viel verändert. Sie beurteilen die Dinge mit heutigen Maßstäben.

Abdel-Samad: Seine Frau Khadidscha, die er vor seiner Bekehrung geheiratet hatte, war eine gestandene Geschäftsfrau, sogar seine Arbeitgeberin. Es gab damals viele solcher Frauen mit einer eigenen Meinung. Und was hat der Koran vor diesem Hintergrund verändert? Mohammed hat im Koran etabliert, dass ein Mann seine Frau schlagen darf, wenn er befürchtet, dass sie widerspenstig wird. Nicht, wenn sie bereits erwiesenermaßen widerspenstig ist, sondern wenn der Mann alleine befürchtet, dass sie es sein könnte. Inwiefern ist das revolutionär? Das ist ein Rückfall!

Khorchide: Moment. Für uns heute ist das ein Rückfall, aber Sie müssen sich in die Menschen damals hineinversetzen. Seinerzeit hat man Frauen bei Ungehorsam getötet. Mit Sure 4, Vers 34, rückt der Koran die Gewalt an die letzte Stelle. Das ist für damalige Verhältnisse eine Absage an Gewalt.

Abdel-Samad: Wer hat seine Frau getötet? Wir kennen die vorislamische und die frühislamische Geschichte. Wer hat seine Frau getötet, weil sie ungehorsam war? Geben Sie mir ein Beispiel.

Khorchide: Der Koran selbst berichtet davon, dass man damals Frauen lebendig begraben hat.

Abdel-Samad: Das ist doch bloß eine islamische Legende. Vor dem Islam – so die Legende – haben die arabischen Männer Mädchen nach der Geburt lebendig begraben. Wenn dem so wäre, hätten Mohammed, seine Gefährten und andere Muslime niemals so viele Frauen gehabt, um vier oder – im Falle des Propheten – dreizehn Mal zu heiraten.

Khorchide: Schon vor Mohammed fanden damals ständig Kriege statt, weshalb viele Männer gestorben sind und es immer mehr Frauen gab. Wenn im Koran steht, dass Mädchen lebendig begraben worden sind, sagen Sie, es sei eine Legende. Und bei anderen Versen, wenn es etwa um kriegerische Handlungen geht, nehmen Sie alles als wortwörtlich wahr an.

Abdel-Samad: Das machen Sie aber auch. Sie dagen, wir wissen zu wenig über Mohammed, aber Sie wissen ganz genau, dass er eine Offenbarung von Gott empfangen hat. Woher wissen Sie das eigentlich?

Euro-Islam?

Ich bin eher skeptisch, was den Islam in Europa angeht. Wenn Muslime auswandern und nach Europa kommen, brauchen sie immer einen Identitätsanker – und werden sehr oft noch konservativer als Muslime in den islamischen Ländern. In Deutschland gibt es, etwa bei den Islamverbänden, eine Hinwendung zum Konservativismus. Deshalb kann man bisher hierzulande auch kaum von einem Euro-Islam sprechen. **(Hamed Abdel-Samad)**

Die Begrifflichkeit Euro-Islam lehnen Muslime oft erst einmal ab, ohne sich mit dem Inhalt auseinanderzusetzen. Er hat den Beigeschmack, dass er einem von oben aufoktroyiert wird. Aber wenn man genau definiert, dass es beim Euro- Islam etwa um das Leben demokratischer Grundwerte und anderes mehr geht, unterschreiben das die Mehrheit der Muslime hierzulande. Aber auch hier liegt der Teufel leider im Detail: Wie steht man wirklich zur Meinungsfreiheit, zur Geschlechtergleichberechtigung und so weiter? **(Mouhanad Khorchide)**

Was müsste denn über das bisher Gesagte hinaus geschehen, dass der Islam in der europäischen Moderne wirklich heimisch werden kann?

Khorchide: Der Islam, den Hamed Abdel-Samad bisher beschrieben hat, wird mit Sicherheit konträr zu unserer modernen Gesellschaft bleiben. Es erschreckt mich allerdings, dass er sich so stark macht für ein Islambild, das sonst nur die Salafisten, Islamisten oder Extremisten vertreten.

Abdel-Samad: Vielleicht verstehen die Salafisten den Islam viel besser, als wir meinen.

Khorchide: Das glaube ich nicht.

Abdel-Samad: Die Tatsache, dass Ihre Lesart des Islam friedlich ist, macht sie nicht gleich zur richtigen oder besten. Sie ist lobenswert, aber dieses Islambild muss erst einmal geschaffen werden, sich legitimieren, etablieren und dann auch gegen den Strom der anderen Interpretationen behaupten. Es muss mehr Anhänger haben, damit wir tatsächlich von einer legitimen Lesart und nicht von einem Wunschdenken sprechen können.

Khorchide: Genau. Und das alles hat das Christentum bereits hinter sich. Sie haben selbst vorhin auf das Christentum im Mittelalter verwiesen.

Abdel-Samad: Aber das Christentum hatte auch das Zeug dazu mit seiner Leitfigur Jesus von Nazareth.

Ist die Rede vom Euro-Islam vor diesem Hintergrund ein hölzernes Eisen?

Abdel-Samad: Ich halte von dem Begriff überhaupt nichts. Ich bin eher skeptisch, was den Islam in Europa angeht. Wenn Muslime auswandern und nach Europa kommen, brauchen sie immer einen Identitätsanker – und werden sehr oft noch konservativer als Muslime in den islamischen Ländern. Ich sehe in Beirut oder in Kairo mehr freie Gesprächskultur im Bezug auf das Thema Religion. Und das gilt, obwohl es dort eigentlich gefährlicher ist – weil es verboten ist, öffentlich über solche Fragen kritisch zu diskutieren. In Deutschland gibt es hingegen, etwa bei den Islamverbänden, eine Hinwendung zum Konservativismus. Deshalb kann man bisher hierzulande auch kaum von einem Euro-Islam sprechen.

Aber es gibt doch eine ganze Reihe positiver Beispiele, allein wenn man an die jetzt entstehenden Zentren für Islamische Theologie an den staatlichen deutschen Universitäten in Osnabrück, Münster, Frankfurt, Erlangen und Tübingen denkt.

Abdel-Samad: Natürlich gibt es auch sehr positive Beispiele. Mouhanad Khorchide gehört dazu, und ich will ihn in dieser Hinsicht auch unterstützen. Ich bin der Erste, der sich freut, wenn sein Konzept aufgeht. Dann ist auch meine Kritik hinfällig, dann hat sie sich von alleine erledigt. Aber ich sehe strukturelle Probleme, mit denen auch er zu kämpfen hat. Von seinen bis jetzt 600 Studenten sind nicht wenige gegen ihn. Er muss mit seinem Ansatz also sehr vorsichtig sein. Das ist auch ein Problem an allen anderen Lehrstühlen. Studenten, denen die Reformansätze zu weit gehen, wenden sich gegen ihre

Professoren. Sie werden dabei zum Teil auch von den Islamverbänden als trojanische Pferde eingesetzt. Die Verbände wollen die Lehrstühle übernehmen und ihre eigenen Leute einsetzen, die einer konservativen Richtung
folgen. Es gibt bei ihnen aber niemanden, der das Wissen islamischer Theologen hat. Trotzdem wollen sie sich
einmischen und entscheiden, wer Religionslehrer und
wer Theologieprofessor werden darf. Diese Asymmetrie
ist gefährlich. Die konservativen Verbände werden staat-
lich sehr unterstützt, sowohl finanziell als auch politisch
stark gefördert. Es bräuchte jedoch auch noch deutlich
mehr Unterstützung für die Reformer.

*Ist das auch eine Kritik an der Deutschen Islamkonfe-
renz, an der Sie eine Legislaturperiode als eine der Einzel-
persönlichkeiten teilnehmen konnten?*

Abdel-Samad: Ich war drei Jahre bei der Islamkonferenz
dabei, und es hat mich immer gewundert, dass kein liberaler Theologe mitreden durfte, sondern vor allem die
Islamverbände. Die Personen, die sich manches Mal kritisch geäußert haben, wurden dann in der Folge ausge-
schlossen. So sitzen jetzt dort vor allem Verbandsver-
treter, die nur über das Thema Geld, den Anspruch auf
den Status einer Körperschaft des öffentlichen Rechtes
oder über die Etablierung eines Wohlfahrtsverbandes
sprechen. Das zementiert natürlich den konservativen
Islam und würde ihm, wenn diese Linie weiterverfolgt
wird, in Zukunft noch mehr Macht in der Gesellschaft
geben. Letztlich geht es den Islamverbänden darum, Ein-

fluss auf Kindergärten zu bekommen, genauso wie auf die Lehrer, die islamischen Religionsunterricht erteilen, oder auf die Imame in den Moscheen. Zusammen mit dem angestrebten Betrieb eigener Krankenhäuser und Altenheime wollen sie Einfluss auf das gesamte Leben muslimischer Familien ausüben. Das Skandalöse daran ist, dass der Staat das mitmacht. So wächst aber keine Reformbewegung des Islam.

Sind Sie, Herr Khorchide, gegenüber dem Begriff Euro-Islam genauso skeptisch?

Khorchide: Die Begrifflichkeit Euro-Islam lehnen Muslime oft erst einmal ab, ohne sich mit dem Inhalt auseinanderzusetzen. Er hat den Beigeschmack, dass er einem von oben aufoktroyiert wird. Das wollen die Muslime nicht. Aber wenn man genau definiert, dass es beim Euro-Islam etwa um das Leben demokratischer Grundwerte und anderes mehr geht, unterschreiben das die Mehrheit der Muslime hierzulande. Aber auch hier liegt der Teufel leider im Detail: Wie steht man wirklich zur Meinungsfreiheit, zur Geschlechtergleichberechtigung und so weiter?

Welche Rolle können da die neuen Islamischen Zentren an deutschen Universitäten selbst spielen? Und wie wichtig ist es in diesem Zusammenhang, islamischen Religionsunterricht an öffentlichen Schulen in Deutschland flächendeckend anbieten zu können?

Khorchide: Die Etablierung eines islamischen Religionsunterrichts ist eine wichtige Aufgabe, bei der ich mich gerne einbringe. Auch wenn nicht alle Studierenden mit mir einer Meinung sein werden, sind sie alle Multiplikatoren, die später in den Schulen eine wichtige Arbeit leisten werden. Dass man sich mit allen diesen Fragen überhaupt erst kritisch auseinandersetzen und sie auf akademischer Ebene diskutieren kann und darf, ist sehr gut. Auf diese Weise wird sich viel verändern – aber das ist natürlich letztlich ein langer Prozess.

Liberale Muslime in Deutschland

Ich kann nur für das Muslimische Forum Deutschland sprechen, dessen Gründungsmitglied ich bin. Wir haben mehrere Arbeitsgruppen gebildet, in denen die Theologie ein Schwerpunkt der Aktivitäten ist, daneben gibt es viele weitere Schwerpunkte. Ich bin optimistisch. **(Mouhanad Khorchide)**

> Liberale Muslime, die es ja gibt, sind in erster Linie liberale Menschen, die dann auch Muslime sind. Der Islam an sich lässt aber kaum differenzierte Identitätsschichten zu. Zuerst kommt für ihn das Muslim-Sein, einschließlich eines bestimmten Katalogs, den es abzuarbeiten gilt, indem man ein bestimmtes Leben führt. **(Hamed Abdel-Samad)**

Herr Abdel-Samad, die im Koordinierungsrat der Muslime zusammengeschlossenen Dachverbände der Moscheegemeinden sind das eine. Wie sind angesichts der bisher rund vier Millionen Muslime im Land die vergleichsweise neuen liberalen Zusammenschlüsse zu bewerten, etwa der Liberal-islamische Bund oder das neue Muslimische Forum Deutschland, das von der Konrad-Adenauer-Stiftung mit initiiert wurde?

Abdel-Samad: Es ist grundsätzlich positiv, wenn diese Zusammenschlüsse entstehen. Das Problem dabei ist: Liberale Muslime, die es ja gibt, sind in erster Linie liberale Menschen, die dann auch Muslime sind. Der Islam an sich lässt aber kaum differenzierte Identitätsschichten zu.

Zuerst kommt für ihn das Muslim-Sein, einschließlich eines bestimmten Katalogs, den es abzuarbeiten gilt, indem man ein bestimmtes Leben führt. Der Muslim hat eine bestimmte Aufgabe zu erfüllen: und zwar den Islam zu verbreiten. Das ist die Grundidee des Islam. Aber es gibt eben auch geborene Muslime, die in der westlichen Zivilisation aufgewachsen sind. Durch Erziehung, Bildung, interreligiöse Ehen haben sie ganz andere Erfahrungen gemacht und wollen nicht nur mit ihrer Religion als Muslim wahrgenommen werden. Sie schließen sich dann in Verbänden zusammen, die noch sehr schwach sind. Zudem haben sie auch keinen Anspruch auf politische Macht. Im Unterschied dazu verbünden sich die konservativen Verbände, weil sie politische Ziele haben, an staatliche Gelder herankommen wollen und auch Spenden aus dem Ausland bekommen. Wenn sie den Golfstaaten erklären, dass sie in Europa den Islam verbreiten, bekommen sie auch von dort Millionen. Ein liberaler Verband hat das nicht im Blick und tut sich auch mit Sponsoren schwerer. Es ist deshalb ein strukturelles Problem, dass aus den liberalen Tendenzen keine Strömung entstehen kann, so dass diese Gruppierungen kein Gegengewicht zu den konservativen Verbänden werden können.

Khorchide: Ich kann nur für das Muslimische Forum Deutschland sprechen, dessen Gründungsmitglied ich bin. Wir haben mehrere Arbeitsgruppen gebildet, in denen die Theologie ein Schwerpunkt der Aktivitäten ist, daneben gibt es viele weitere Schwerpunkte. Ich bin optimistisch. Das Forum ist breit angelegt, nicht nur thematisch, sondern auch mit Blick auf die Mitglieder, die die innerislamische Vielfalt hinaus – auch über die Unterschiede von Sunniten, Schiiten, Aleviten und so weiter – bereits gut widerspiegelt. Darüber hinaus ist das Forum so angelegt, dass es sich erweitern kann, um in Zukunft hoffentlich noch mehr Stimmen abzubilden. Es wäre wichtig, möglichst viele Muslime auch der sogenannten Basis zu erreichen und sie dafür zu gewinnen mitzumachen.

Sind die liberalen Muslime auch für Sie, Herr Abdel-Samad, so etwas wie ein Hoffnungsträger?

Abdel-Samad: Da bin ich wenig optimistisch. Sehr oft wendet man sich auch in liberalen Kreisen gegen Islamkritiker wie mich. So weit dürfe man nicht gehen, heißt es dann. Zum Teil schützen auch diese Gruppierungen die Unantastbarkeit des Islam. Aber ich wünsche allen, die in diesen Kreisen engagiert sind, viel Erfolg: dass sie etwas erreichen, Menschen überzeugen und Strukturen verändern.

Wie wird sich das Land, wie wird sich der Islam in Deutschland durch die Flüchtlinge verändern, die in den vergangenen Monaten gekommen sind und mehrheitlich, angefangen von Syrien, aus muslimischen Ländern stammen?

Abdel-Samad: Auf der einen Seite gibt es viele Flüchtlinge, die sich anpassen werden, säkular sind, manche konvertieren sogar zum Christentum. Aber wir dürfen nicht verschweigen, dass die Mehrheit sehr konservativ ist. Sie sind nicht unbedingt Anhänger des IS, aber doch der syrischen Muslim-Bruderschaft. Es redet keiner darüber, wie viele das wirklich sind. Sie werden sich den konservativen Vereinen anschließen und denen noch mehr Gewicht und Legitimation geben. Das alles lässt mich sehr vorsichtig sein.

Aber auch die Islamverbände setzen sich doch für ein gutes Verhältnis zum deutschen Staat ein und werden bei den Neuankömmlingen dafür werben.

Abdel-Samad: Gerade die Islamverbände behaupten immer wieder, dass ihre Leute keinen verwestlichten Islam haben wollen und gehen würden, wenn die Verbände auf diesen Kurs einschwenken sollten. Dabei ist die Logik, bereits am Anfang möglichst viele Menschen zu erreichen, sehr gefährlich. Deshalb sollten auch die liberalen Vereine dieses Argument nicht bemühen.

Was wäre demgegenüber Ihre Forderung?

Abdel-Samad: Man muss über seinen Schatten springen und noch mutiger sein. Man sollte sich nicht vor die Muslime stellen, um sie zu schützen. Nach dem Motto: Die armen Muslime sind wie Kinder, sie werfen sofort mit Steinen, wenn man sie kritisiert. Stattdessen sollte man den Menschen zutrauen, dass sie mit Kritik umgehen können – und denen, die das noch nicht gelernt haben, ein Beispiel geben, dass man sich mit dem Koran und auch dem Propheten Mohammed auseinandersetzen und sie kritisieren kann. Auch wenn sich die Mehrheit der Muslime über das, was ich sage, ärgert: Sonst kommt man keinen Zentimeter weiter.

Khorchide: Aber man sollte doch möglichst viele ins Boot holen – nicht von Anfang an abschrecken …

Abdel-Samad: Man kann nie alle ins Boot holen. Jede Bewegung war zu Beginn ein Fremdkörper und wurde angefeindet von den eigenen Leuten. Vielleicht sind es am Anfang nur 40, aber dann werden es irgendwie 400 Menschen. Ich kann nicht gleich erwarten, dass von Anfang an alle 1,5 Milliarden Muslime mitspringen. Von Menschen, die mich öffentlich kritisieren, höre ich oft im privaten Gespräch das Argument, dass sie meine Thesen unterstützen, aber die Muslime noch nicht weit genug seien, um sie zu akzeptieren. Meine kritischen Anfragen kämen zu früh, die Menschen seien noch nicht gut genug vorbereitet. Ich lebe aber jetzt und äußere meine Kritik heute. Das, was ich öffentlich äußere, sollte das sein, wovon ich überzeugt bin. Das ist der erste Schritt und die erste Voraussetzung für Reformen.

Khorchide: Definitiv. Das unterschreibe ich vollkommen, wenn es um Reformen und Reformbewegungen geht. Aber beispielsweise für das Muslimische Forum Deutschland, das den Anspruch hat, der schweigenden Masse eine Stimme zu geben, geht es erst einmal nicht um große Reformen.

Abdel-Samad: Um welche schweigende Masse will man sich denn da bemühen?

Khorchide: Es geht um jene, die nichts von theologischen Debatten wissen wollen, sondern einfach ihren Alltag leben, arbeiten und dann nach Hause gehen. Auch für diese Muslime wollen wir als Ansprechpartner da sein. Deshalb ist das Forum nicht als theologische Reformbewegung zu verstehen und deshalb versucht das Forum möglichst viele Menschen zu erreichen. Wir haben den Anspruch, für diese Gruppen von Muslimen da zu sein und auch sie zu repräsentieren. Deshalb will sich das Forum auch erst einmal auf die Selbstbeschreibung beschränken.

Der Islam als zivilgesellschaftliche Größe

Mit Blick auf den Islam erwarte ich von der deutschen Gesellschaft, dass sie die Entwicklung aufmerksam verfolgt. Sie soll nicht mit Hass und Rassismus auf Fehlentwicklungen reagieren, sondern mit Korrekturen. So wie wir gegen Neonazis und Gewalt gegen Flüchtlingsheime sind, müssen wir auch gegen muslimische Brandstifter sein, die eine Mauer zwischen den Menschen aufbauen. **(Hamed Abdel-Samad)**

> Was Deutschland meiner Ansicht nach im Unterschied zu den islamischen Ländern auszeichnet, sind die demokratischen Strukturen, in denen sich der Islam der Muslime entfalten könnte. Dieser Raum muss geschützt werden. Wenn junge Muslime das Gefühl haben, hier nicht anerkannt zu sein, wenn bestimmte aufgeklärte theologische Diskurse sich hier nicht entwickeln können, bekommen wir hier weitere Schwierigkeiten. Beide Seiten sind hier gefordert. **(Mouhanad Khorchide)**

Was bräuchte es in Deutschland, damit die Muslime in ihrer gesamten Breite als zivilgesellschaftliche Größe präsenter und besser wahrgenommen werden können?

Abdel-Samad: Ich bin auch an dieser Stelle sehr skeptisch. Wir brauchen nicht noch mehr Institutionen des Islam, sondern ganz im Gegenteil lieber weniger islamische Institutionalisierung. Sobald man damit in Deutschland beginnt, bekommen die Verbände automatisch Oberwasser, weil sie die besseren Strukturen haben, um Gelder aus dem Ausland einzuwerben. Saudi Arabien will 200 Moscheen für die neuen Flüchtlinge in Deutschland bauen lassen. Großartig! Davon können nur die Verbände profitieren, nicht aber die Flüchtlinge. Als ob es das wäre, was den Flüchtlingen, die Saudi-Arabien selbst im Übrigen nie aufnehmen wollte, fehlt. Die 200 Moscheen brauchen dann natürlich 200 Imame, die konservativ ausgebildet worden sein und nicht an der Universität Münster islamische Theologie studiert haben werden. Das ist ein Teufelskreis. Stattdessen wäre es notwendig, dass sich Muslime erst einmal weniger als Muslime verstehen, sondern zuerst als Menschen dieses Landes mit allen Rechten und Pflichten.

Wäre so etwas wie ein Deutscher Islamtag, analog zu Kirchen- oder Katholikentagen oder – ähnlich den katholischen oder evangelischen Akademien – eine eigene islamische Akademie sinnvoll und wichtig, um solche Fragen besser in der Breite diskutieren zu können?

Abdel-Samad: Auch eine islamische Akademie würde viele Gelder aus dem Ausland bekommen und sich in eine andere Richtung entwickeln, als der Staat es beabsichtigte. Warum ist der Staat nicht bereit, das Muslimische Forum Deutschland so zu unterstützen, dass es auf Augenhöhe käme mit den Verbänden? Oft genug gibt der Staat erst Geld, wenn es zu spät ist. Das sehen wir an der Flüchtlingskrise. Jetzt ist man bereit, 16 Milliarden Euro für die Flüchtlinge auszugeben. Hätte man diese

Milliarden Euro für die Menschen jenseits der Grenzen investiert, hätten sie dort vor Ort Strukturen aufbauen können und nicht das Land verlassen müssen. Erst wenn die Katastrophe da ist, verfällt man in Aktionismus.

Aber es braucht doch Ansprechpartner auf muslimischer Seite, an die sich der Staat beziehungsweise die Politiker wenden können.

Abdel-Samad: Es gibt hier eine Zwangsvorstellung des Staates. Die Frage, mit wem man reden könne, um mit dem Islam ins Gespräch zu bekommen, ist eine bürokratische Attitüde. Die katholische und die evangelische Kirche haben eine vollkommen andere Vorgeschichte, sie haben sich auch in der Geschichte des Landes ganz anders eingebracht, haben zur Entwicklung dieser Gesellschaft, bei allem Ringen und allen Kämpfen, in ganz anderer Weise beigetragen. Aufgrund dieser Entwicklung sollte man den Islam nicht mit ihnen vergleichen. Deshalb darf man mit Blick auf die Frage nach islamischen Körperschaften öffentlichen Rechts, dem Religionsunterricht oder der islamischen Theologie auch nicht alle Strukturen, alle Privilegien, Rechte und Pflichten auf den Islam übertragen.

Was erwarten sie angesichts all dieser Fragen letztlich von der deutschen Gesellschaft?

Abdel-Samad: Mit Blick auf den Islam erwarte ich von der deutschen Gesellschaft, dass sie die Entwicklung aufmerksam verfolgt. Sie soll nicht mit Hass und Rassismus auf Fehlentwicklungen reagieren, sondern mit Korrekturen. Dafür ist es wichtig zu schauen, wer dafür verantwortlich ist. Es muss aber auch darum gehen, die positiven Figuren wahrzunehmen. Ich appelliere an die deutsche Gesellschaft, sie mehr zu unterstützen als die Verbände. Auch sollte sie Muslime nicht mit Moscheegemeinden oder gar dem Islam gleichsetzen. Immerhin gibt es viele Muslime, die mit ihnen nichts oder nur wenig zu tun haben und auch nicht mehr zu tun haben wollen. Auch die Entwicklungen in den Islamverbänden sollte man genauso kritisch im Auge behalten, wie salafistische Vereine verboten gehören, damit solche Leute Hass und Ausgrenzung nicht legal predigen dürfen. Das sind Hassprediger. So wie wir gegen Neonazis und Gewalt gegen Flüchtlingsheime sind, müssen wir auch gegen muslimische Brandstifter sein, die eine Mauer zwischen den Menschen aufbauen. Dazu gehört der Mut zu sagen, was man denkt, so wie ich als deutscher Staatsbürger das Recht habe, den Islam, den Koran und Mohammed kritisieren zu dürfen. Es reicht nicht aus, Flüchtlingen Teddys in die Arme zu legen. Es geht auch nicht nur um die Probleme der Flüchtlinge und nicht einmal nur des Islam, sondern um die Zukunft dieses Landes.

Khorchide: Was Deutschland meiner Ansicht nach im Unterschied zu den islamischen Ländern auszeichnet, sind die demokratischen Strukturen, in denen sich der Islam der Muslime entfalten könnte. Dieser Raum muss geschützt werden, damit sich Muslime in diesem Land weiter entfalten können. Es reicht nicht aus, den Salafismus einfach zu verbieten, sondern wir müssen auch nach den Ursachen forschen. Wenn junge Muslime das Gefühl haben, hier nicht anerkannt zu sein, wenn bestimmte aufgeklärte theologische Diskurse sich hier nicht entwickeln können, bekommen wir hier weitere Schwierigkeiten. Beide Seiten sind hier gefordert. Die Gesellschaft darf die Muslime nicht nur in die Rolle der Apologeten drängen, die sich verteidigen und rechtfertigen müssen. Sie sollten sich als anerkannte Bürger ihres Landes fühlen können. Dann werden sie auch ein Verantwortungsgefühl entwickeln und ihr Islamverständnis innerhalb dieser Gesellschaft zu entfalten. Es steht dann nicht mehr in Opposition zur Gesellschaft, sondern wird vielmehr zur Stütze des Zusammenlebens. Dann werden auch die Muslime das Gefühl haben, nicht nur auf dem Papier dazuzugehören.

Der Herausgeber und die Gesprächspartner

Hamed Abdel-Samad (geb. 1972) ist Publizist. Er studierte Englisch, Französisch, Japanisch und Politik, arbeitete für die UNESCO, am Lehrstuhl für Islamwissenschaft der Universität Erfurt und am Institut für Jüdische Geschichte und Kultur der Universität München. Er war Mitglied der Deutschen Islamkonferenz. Bekannt wurde er durch die Fernsehsendung »Entweder Broder«. Seit 2011 ist er im Beirat der Giordano-Bruno-Stiftung.

Veröffentlichungen u.a.:

- Mohamed. Eine Abrechnung, München 2015

- Der islamische Faschismus. Eine Analyse, München 2014

- Krieg oder Frieden. Die arabische Revolution und die Zukunft des Westens, München 2011

- Mit Henryk M. Broder: Entweder Broder – Die Deutschland-Safari, München 2010

- Der Untergang der islamischen Welt. Eine Prognose, München 2010

- Mein Abschied vom Himmel. Aus dem Leben eines Muslims in Deutschland, Köln 2009

Mouhanad Khorchide (geb. 1971) ist seit 2010 Professor für Islamische Religionspädagogik an der Universität Münster und dort inzwischen auch Leiter des Zentrums für Islamische Theologie. Er studierte in Beirut Islamische Theologie und in Wien Soziologie und hat als Imam und Religionslehrer gearbeitet. Seit 2011 ist er Koordinator des Graduiertenkollegs Islamische Theologie der Stiftung Mercator und seit 2013 Principle Investigator des Exzellenzclusters »Religion und Politik in den Kulturen der Vormoderne und Moderne« an der Universität Münster.

Veröffentlichungen u.a.:

- Gott glaubt an den Menschen. Mit dem Islam zu einem neuen Humanismus, Freiburg 2015

- Scharia – der missverstandene Gott. Der Weg zu einer modernen islamischen Ethik, Freiburg 2013

- Islam ist Barmherzigkeit. Grundzüge einer modernen Religion, Freiburg 2012

- Der islamische Religionsunterricht zwischen Integration und Parallelgesellschaft. Einstellungen der islamischen ReligionslehrerInnen an öffentlichen Schulen, Wiesbaden 2009

Stefan Orth (geb. 1968) ist stellvertretender Chefredakteur der Zeitschrift »Herder Korrespondenz. Monatsheft für Gesellschaft und Religion«, die im Verlag Herder erscheint. Er studierte in Freiburg, Paris und Münster katholische Theologie und wurde 1998 in diesem Fach promoviert. Seitdem ist er in der Redaktion der »Herder Korrespondenz« unter anderem für die Themen Theologie, Religion und Islam zuständig.

Veröffentlichungen als (Mit-)Herausgeber u.a.:

- Zusammen mit Joachim Valentin und Michael Staiger: Filmbilder des Islam, Marburg 2014

- Zusammen mit Veronika Hoffmann und Georg M. Kleemann: Unter Hochspannung. Die Theologie und ihre Kontexte, Freiburg 2012

- Eros – Körper – Christentum. Provokation für den Glauben? 2009

- Zusammen mit Siegfried Kleymann und Martin Rohner: Die neue Lust für Gott zu streiten, Freiburg 2006

RELIGION UNTER VERDACHT

Wohin entwickelt sich der Islam?

Über den Islam wird intensiv diskutiert. Wie groß ist das Gewaltpotenzial dieser Weltreligion? Und welche Entwicklungen hin zu einem dezidiert europäischen Islam gibt es?

Religion unter Verdacht
Wohin entwickelt sich der Islam?
64 Seiten | geheftet
ISBN 978-3-451-02720-8

In jeder Buchhandlung
oder direkt bei
www.herder-korrespondenz.de